Helga G. Sander

Knusper-häuser

aus Lebkuchen
und anderen Leckereien
selbermachen

AUGUSTUS VERLAG
AUGSBURG

Inhalt

Vorwort

Wenn die Abende länger werden und es auf Weihnachten zugeht, besinnt man sich gerne auf Traditionelles und Althergebrachtes, das sonst leicht von unserer schnellebigen Zeit in den Hintergrund gedrängt wird.

Geschichten erzählen, Basteln, Backen, dies ist vorweggenommene Weihnachtsfreude, der sich kaum jemand entziehen mag.

Eine wesentliche Rolle in der Weihnachtsbäckerei spielen Lebkuchenrezepte, die in vielen Abwandlungen überliefert sind. Sehr reizvoll und in vielen Küchen immer wieder praktiziert ist der Bau eines Lebkuchenhauses. Inzwischen werden Lebkuchenhäuser sogar als fertige »Bausätze« im Handel angeboten.

Wer von dem üblichen Knusperhäuschenschema abweichen will, wird in diesem Buch eine Fülle von Anregungen finden: zur Grundrißgestaltung, zur Dekoration, zu Baumaterialien.

Der Bau von Knusperhäuschen sollte jedoch nicht auf die Weihnachtszeit beschränkt bleiben. Übers Jahr hinweg bieten sich viele Gelegenheiten, mit einem besonderen Geschenk in Form eines liebevoll gestalteten Lebkuchenhauses aufzuwarten. Material, Form und Farbe lassen sich mit ein bißchen Geschick auf den jeweiligen Anlaß abstimmen. Die Freude darüber wird sicher sehr groß sein. Dies wünscht von Herzen

Ihre

Helga G. Sander

Werkzeug und Material

Die meisten Häuser benötigen einen Kartonunterbau. Sie brauchen dazu Karton (etwa 2 mm stark), Lineal, Schere, Papiermesser, Klebeband. Die Vergrößerung oder Verkleinerung der vorgegebenen Baupläne wird wesentlich erleichtert, wenn Sie ein Lineal verwenden, das verschiedene Maßstäbe aufweist.

Zur Bearbeitung des Teigs und zur Gestaltung der Häuserfronten sind ein kleiner Teigroller, Teigspachtel, Teigschaber, Kuchenpinsel und Zahnspachtel erforderlich.

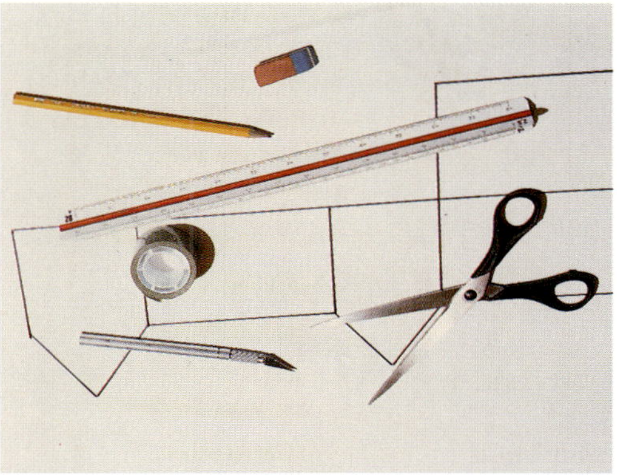

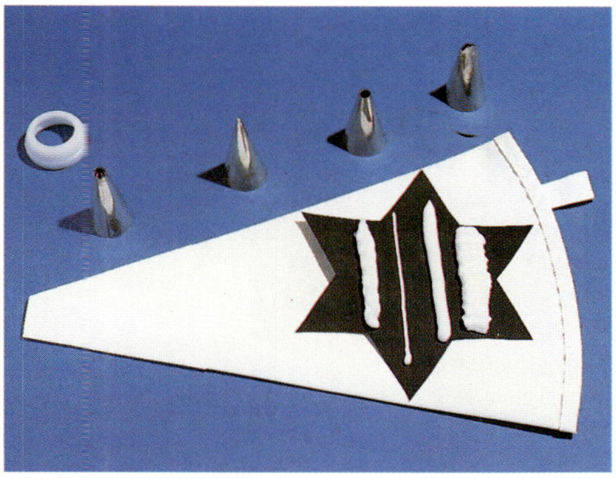

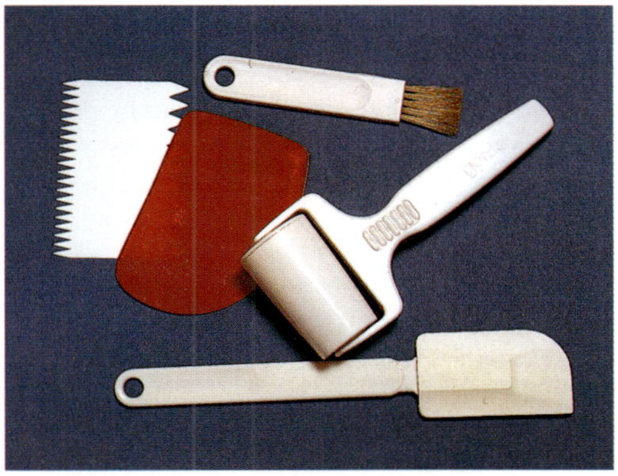

Eine gute Spritztüte mit verschiedenen Tüllen (dünne und dicke Schnurtülle, Stern- und Bandtülle) gehört ebenfalls zur Ausstattung. Da sie häufig gebraucht und nicht nur beim Dekorieren von Knusperhäusern verwendet wird, sollte man bei der Anschaffung nicht sparen.

Zutaten für den Teig sind Mehl, Eier, Fett, Zucker, Honig, Gewürze. Darüber hinaus benötigen Sie Lebensmittelfarben, Zuckerschriften, Fondant-Glasuren, Dekorationsmaterialien in vielen Ausführungen. Bestens bewährt haben sich diesbezüglich die Artikel der Firma Schwartau.

Rezepte

Viele verschiedene Lebkuchenrezepte sind bekannt, und manche Familie schwört auf »ihr« bewährtes Rezept. Es läßt sich natürlich auch zum Bau eines Knusperhäuschens verwenden. Wer aber noch nicht »sein« Rezept gefunden hat, sollte das folgende ausprobieren.

Lebkuchen

Zutaten
1 kg Honig
750 g Mehl
1 Messerspitze Hirschhornsalz
2 Packungen Lebkuchengewürz

für einen dunklen Teig
2 Eßlöffel Kakao

für einen mittelbraunen Teig
1 Eigelb
1 Prise gemahlener Ingwer
1 Messerspitze Muskat
2 Eßlöffel Zimt
1 Prise gemahlene Nelken

Für den Vorteig wird der Honig zum schwachen Faden gekocht. Man läßt ihn etwas auskühlen und verarbeitet ihn, noch warm, mit dem Mehl und den Gewürzen. Dieser Vorteig muß mindestens 1 Tag vorher angesetzt werden.

Mit den angegebenen Zutaten läßt er sich zu einem dunklen oder einem mittelbraunen Teig weiterverarbeiten. Er wird bei mittlerer Hitze im Rohr mehr getrocknet als gebacken.

Auch mit Mürbteig lassen sich Knusperhäuschen bauen. In diesem Buch ist z. B. für die Ladenstraße das folgende Rezept verwendet worden.

Mürbteig

Zutaten
750 g Mehl
250 g Butter
250 g Zucker
2 Eier
Zitronenaroma

Das Mehl wird auf die Arbeitsplatte gesiebt. Man formt in der Mitte eine Vertiefung und gibt die übrigen Zutaten hinein. Das ganze wird rasch zu einem festen Teig zusammengeknetet, der vor der Weiterverarbeitung mindestens 1 Stunde kalt gestellt werden muß.

Zuckerguß

Zutaten
1 Eiweiß
150 g Puderzucker

Zuckerguß wird bei der Herstellung von Knusperhäuschen als »Klebstoff« und zur Dekoration verwendet. Da er sehr schnell austrocknet und hart wird, sollten Sie immer nur so viel herstellen, wie Sie sofort verarbeiten können. Angerührter Zuckerguß bleibt länger geschmeidig, wenn Sie die Schüssel immer wieder zudecken, nachdem sie einen Teil der Masse entnommen haben.

Damit Zuckerguß richtig steif wird, muß er mindestens 10 Minuten mit dem Rührgerät gerührt werden. Die angegebenen Zutaten sind das Grundrezept. Wird die Masse mit Saft eingefärbt, müssen Sie entsprechend mehr Puderzucker hinzugeben, damit der Guß wieder richtig steif wird.

Baupläne

Voraussetzung für den Aufbau der Knusperhäuser ist die genaue Einhaltung der angegebenen Maße. Die Pläne sind maßstabsgetreu gezeichnet und können im Verhältnis 1 : 2 und 1 : 2,5 vergrößert werden.
Die angegebenen Maße können natürlich auch direkt auf 2 mm starken Zeichenkarton übertragen werden. Wichtig ist, daß die Längen und Winkel der einzelnen Hausflächen exakt stimmen. Die in den Plänen verwendeten Linien haben folgende Bedeutung:

——— Schnittlinie
Diese fettgedruckte Linie ist meist die Außenlinie der Hausfassaden. Sie ist mit dem Schneidemesser exakt zu durchtrennen. Auch Fenster und Türen sind mit dieser Linie gezeichnet und können nach eigenem Ermessen ausgeschnitten werden.

– – – – Faltlinie
Entlang dieser Linie sollte der Karton mit einem Papiermesser angeritzt werden, damit er an dieser Stelle exakt geknickt werden kann.

------- Markierungslinie
Diese Linie dient zum Markieren von Flächen, z. B. für Kamine oder Dachfenster.

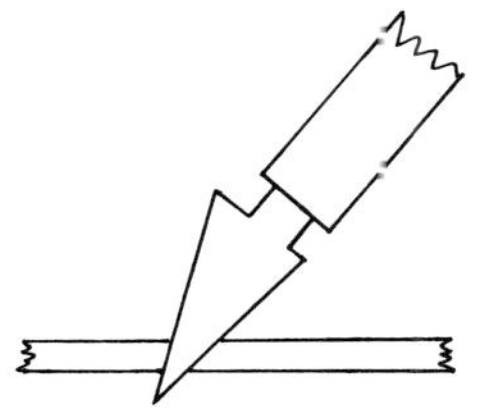

Diese Schnittlinie wird mit einem Messer voll durchtrennt.

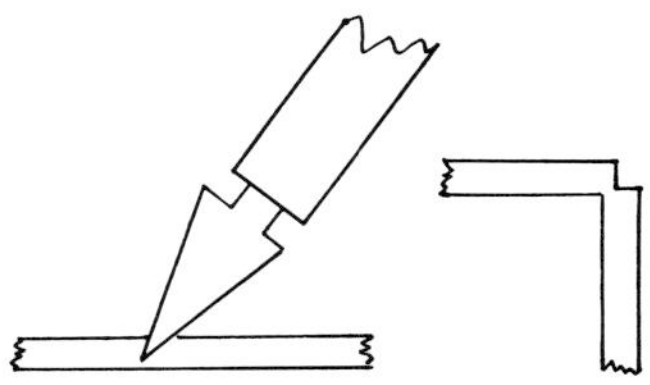

Bei der Faltlinie wird der Karton nur angeritzt, um nachher exakt geknickt werden zu können.

Grundriß-beispiel

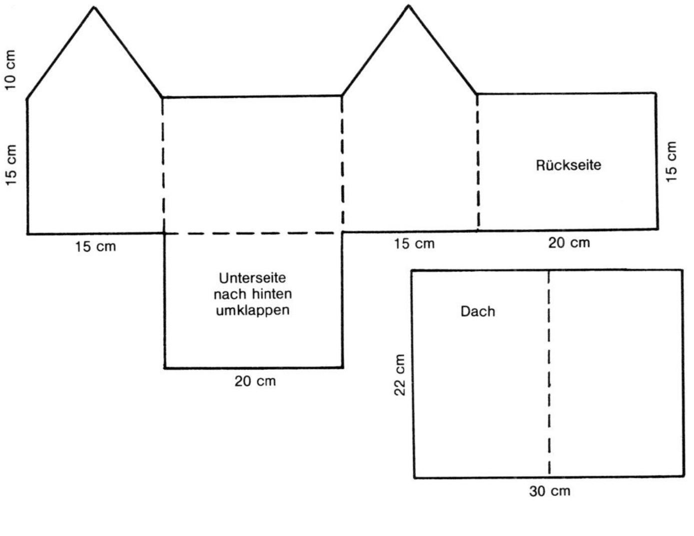

So sieht der Grundriß eines einfachen Hauses aus. Entlang der durchgezogenen Linie wird das Haus aus dem 2 mm starken Karton ausgeschnitten, am besten mit einem stabilen Papiermesser oder einem Teppichmesser. Eine Schere eignet sich dafür nicht so gut, da ein gerader Schnitt nur schwer möglich ist und der Karton an der Schnittkante leicht ausfranst. Die gestrichelten Linien sind Faltlinien.

Sie werden ebenfalls mit einem Lineal angehalten und mit dem Papiermesser etwa halb geschnitten. Es ist darauf zu achten, zu welcher Seite hin der Karton geknickt werden soll: eingeritzt wird immer an der Außenseite des Knicks. Die fertig ausgeschnittenen und geknickten Flächen werden mit Klebeband verbunden. Das Dach und der Kamin werden am Schluß angeklebt. Es ist sehr wichtig für die Weiterverarbeitung und das Dekorieren, daß der Kartonunterbau sehr exakt ausgeführt wird.

Ist das Haus zum Verzehr bestimmt, so muß der Kartonunterbau mit Oblaten beklebt werden. Als Klebemittel dient Zuckerguß.

Buntes Haus

Der Kartonunterbau wird anhand des Bauplans erstellt und mit Hilfe von Zuckerguß mit Oblaten beklebt. Auf den Oblaten bringen Sie Markierungen für Fenster und Tür an.

Sortieren Sie die Schokolinsen nach Farben. Dann werden die Dachflächen mit Zuckerguß bestrichen und mit Schokolinsen belegt. Wechseln Sie alle 2 Reihen die Farbe und wählen Sie auf beiden Dachseiten die gleiche Farbfolge.

Der untere Rand des Hauses wird mit bunten Haribostäbchen verziert. Die Türöffnung ist dabei auszusparen.

Mit der Zuckerschrift werden die Fensterscheiben markiert und die Fensterläden angezeichnet. Für die Fensterflächen wird helle Fondant-Glasur, für die Läden Fondant-Glasur Schokolade aufgetragen.

Anschließend werden alle Außenwände mit Zuckerguß bestrichen. Nach kurzer Trockenzeit wird der Dachrand versäubert und mit bunten Schokoplätzchen beklebt.

Benötigtes Material:

Kartonunterbau
1 Packung große Oblaten
5 Packungen bunte Schokolinsen
1 Packung bunte Haribostäbchen
1 Packung Schokoplätzchen
1 Tube braune Zuckerschrift
2 Tuben helle Fondant-Glasur (Vanille oder Zitrone) von Schwartau
1 Tube Fondant-Glasur Schokolade
Zuckerguß aus 5 Eiweiß und 750 g Puderzucker

Materialkosten: ca. 30,– DM
Arbeitszeit: ca. 5 Stunden

Buntes Haus

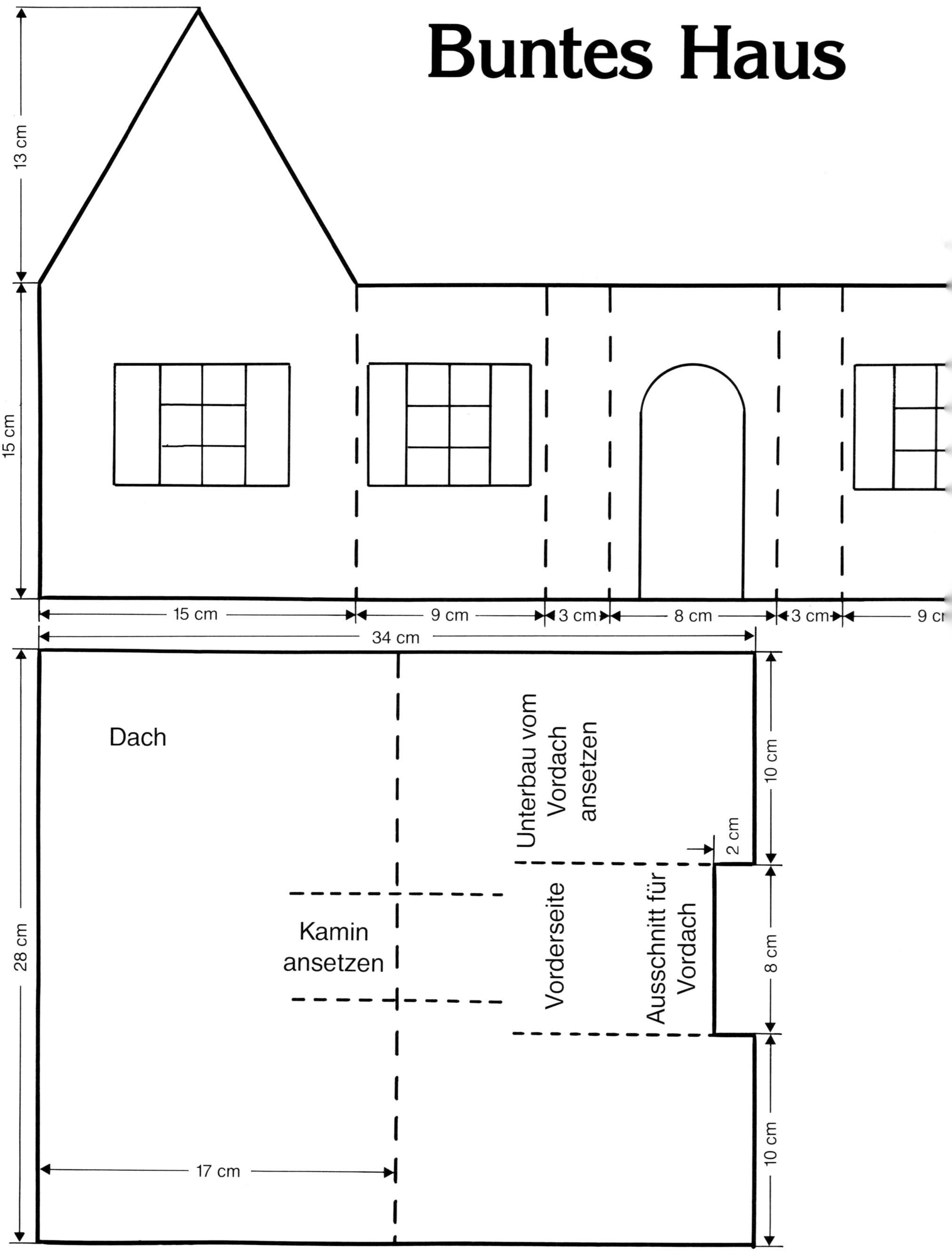
13 cm
15 cm
15 cm
9 cm
3 cm
8 cm
3 cm
9 cm
34 cm
Dach
Unterbau vom Vordach ansetzen
10 cm
2 cm
Kamin ansetzen
Vorderseite
Ausschnitt für Vordach
8 cm
28 cm
17 cm
10 cm

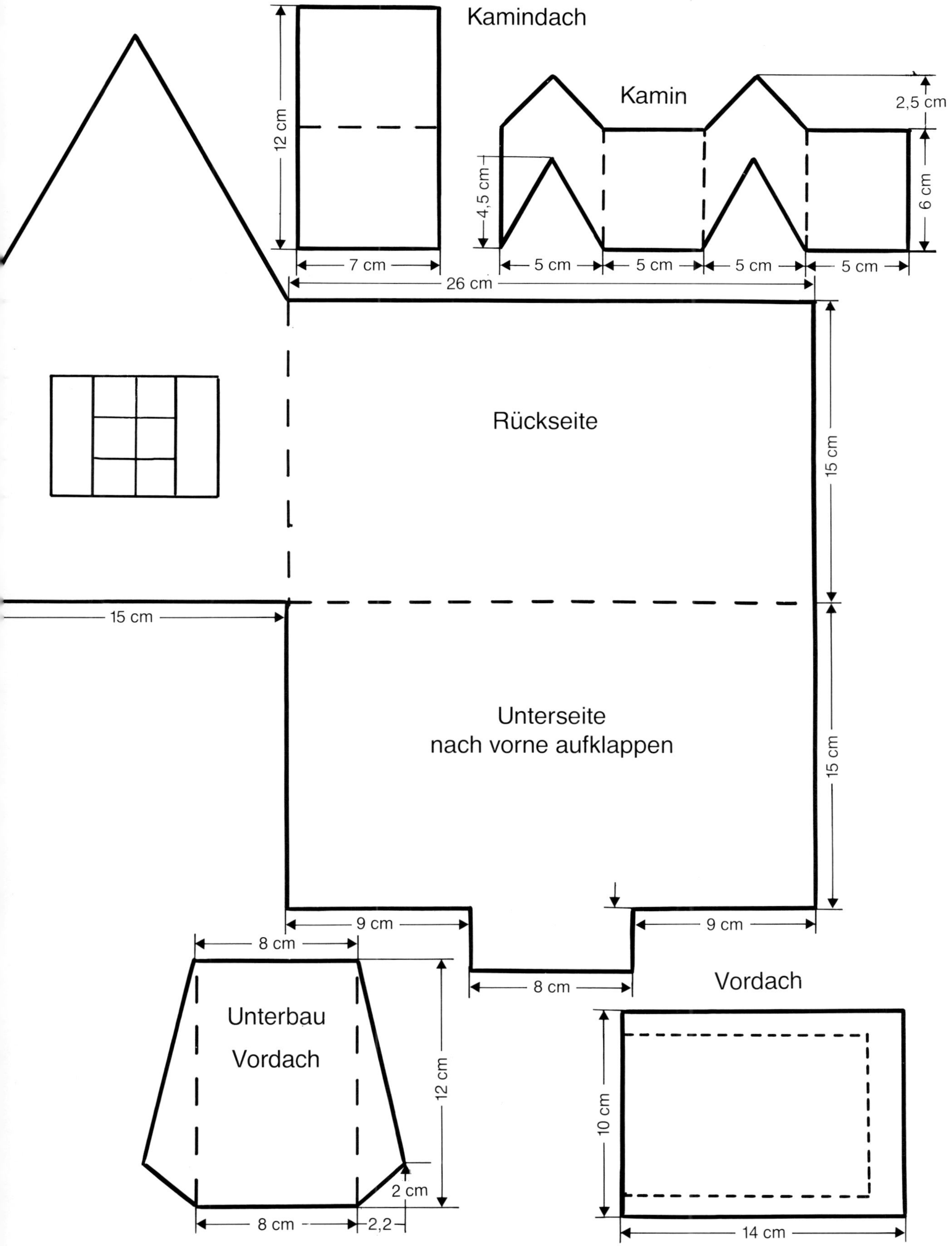
Kamindach
12 cm
7 cm
Kamin
2,5 cm
4,5 cm
6 cm
5 cm
5 cm
5 cm
5 cm
26 cm
Rückseite
15 cm
15 cm
15 cm
Unterseite
nach vorne aufklappen
9 cm
9 cm
8 cm
8 cm
Unterbau
Vordach
12 cm
2 cm
8 cm
2,2
Vordach
10 cm
14 cm

Nikolaushaus

Einfach nachzubauen ist dieses wirkungsvolle Knusperhaus. Fertigen Sie zunächst den Kartonunterbau an, den Sie rundum mit Oblaten bekleben. Diese werden mit Zuckerguß bestrichen. In die noch weiche Masse drükken Sie Knäckebrotscheiben, die Sie zuvor in 4 Teile geschnitten haben. Sie werden versetzt angeordnet. Der Bogen über der Eingangstür erhält kleine Stücke rund aufgesetzt. Die gut sichtbaren weißen Fugen entstehen durch das Eindrükken der Knäckebrotstücke in den Zuckerguß, müssen also nicht extra aufgetragen werden.

Die dünnen runden Schokoladeplätzchen bedachen das Haus. Auch sie sind mit Zuckerguß festgeklebt. Ein Kamin aus Knäckebrot vervollständigt das Haus. Die kleinen Backerbsen sitzen genau auf dem First.

Die Größe der Fenster und Läden ist auf dem Bauplan verzeichnet. Die Maße sind auf eine Oblate zu übertragen. Das Fensterkreuz wird mit brauner Zuckerschrift angelegt, die Scheiben bestehen aus rasch trocknender Fondant-Glasur von Schwartau. Für die Fensterfläche wird diese Glasur mit roter Speisefarbe vermischt. Setzen Sie soviel Speisefarbe zu, bis der gewünschte rote Farbton erreicht ist.

Fenster und Läden werden mit Zuckerguß aufgeklebt.

Den Nikolaus stellen Sie aus einem Teigrest her. Damit der Teig nicht bricht, müssen Sie ihn mit Karton hinterlegen. Wenn der Nikolaus verzehrt werden darf, wird der Karton mit einer Oblate beklebt. Zum Bemalen verwenden Sie die gleichen Farben wie beim Haus.

Benötigtes Material:

Kartonunterbau
zwei Packungen helles Knäckebrot
dünne Schokokekse
Zuckerguß von 5 Eiweiß und 750 g Puderzucker,
Oblaten
Backerbsen für den Dachfirst
rote Speisefarbe
weiße Fondant-Glasur
braune Zuckerschrift

Materialkosten: ca. 20,– DM
Arbeitszeit: ca. 4 Stunden

Nikolaushaus

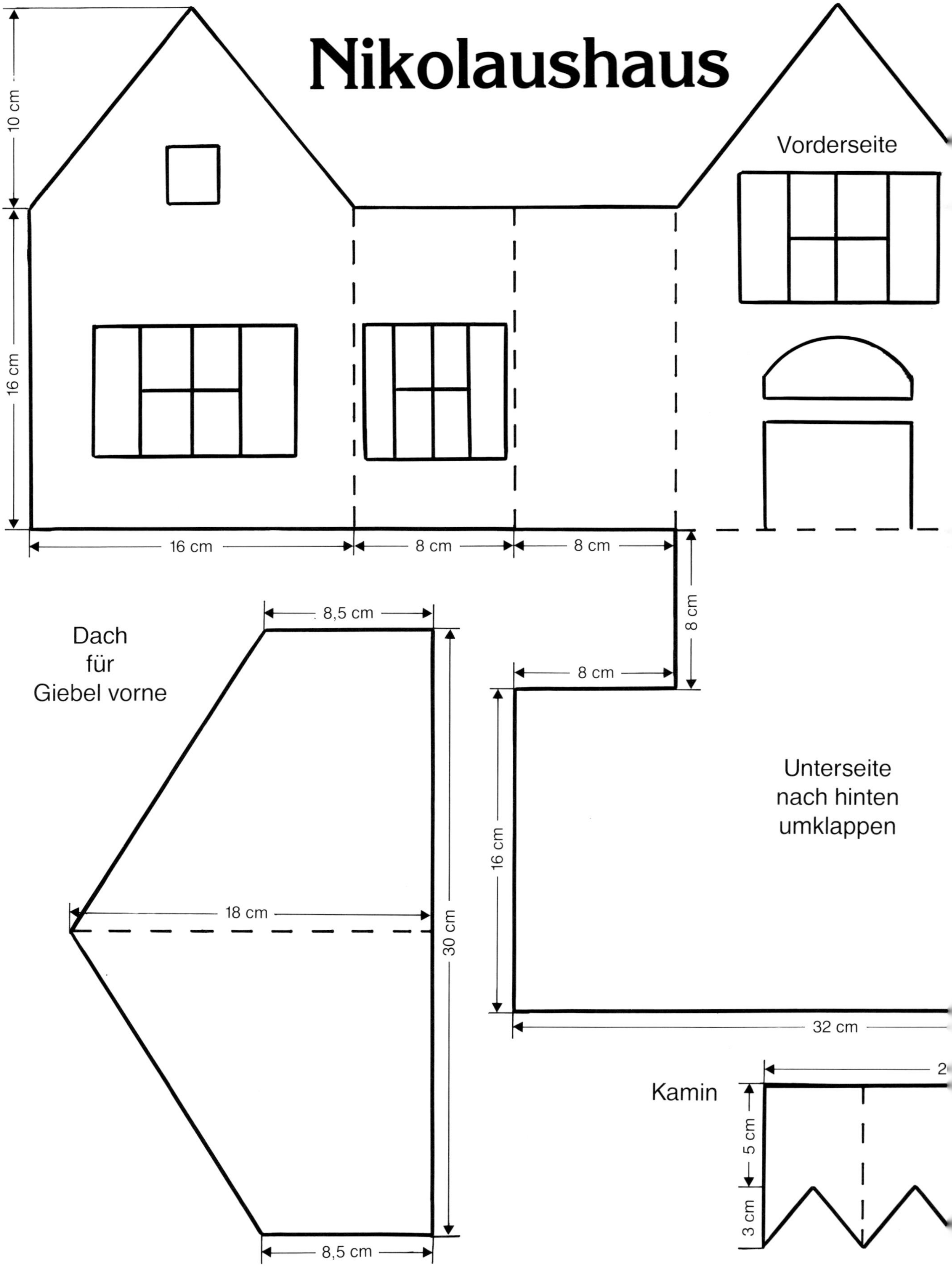

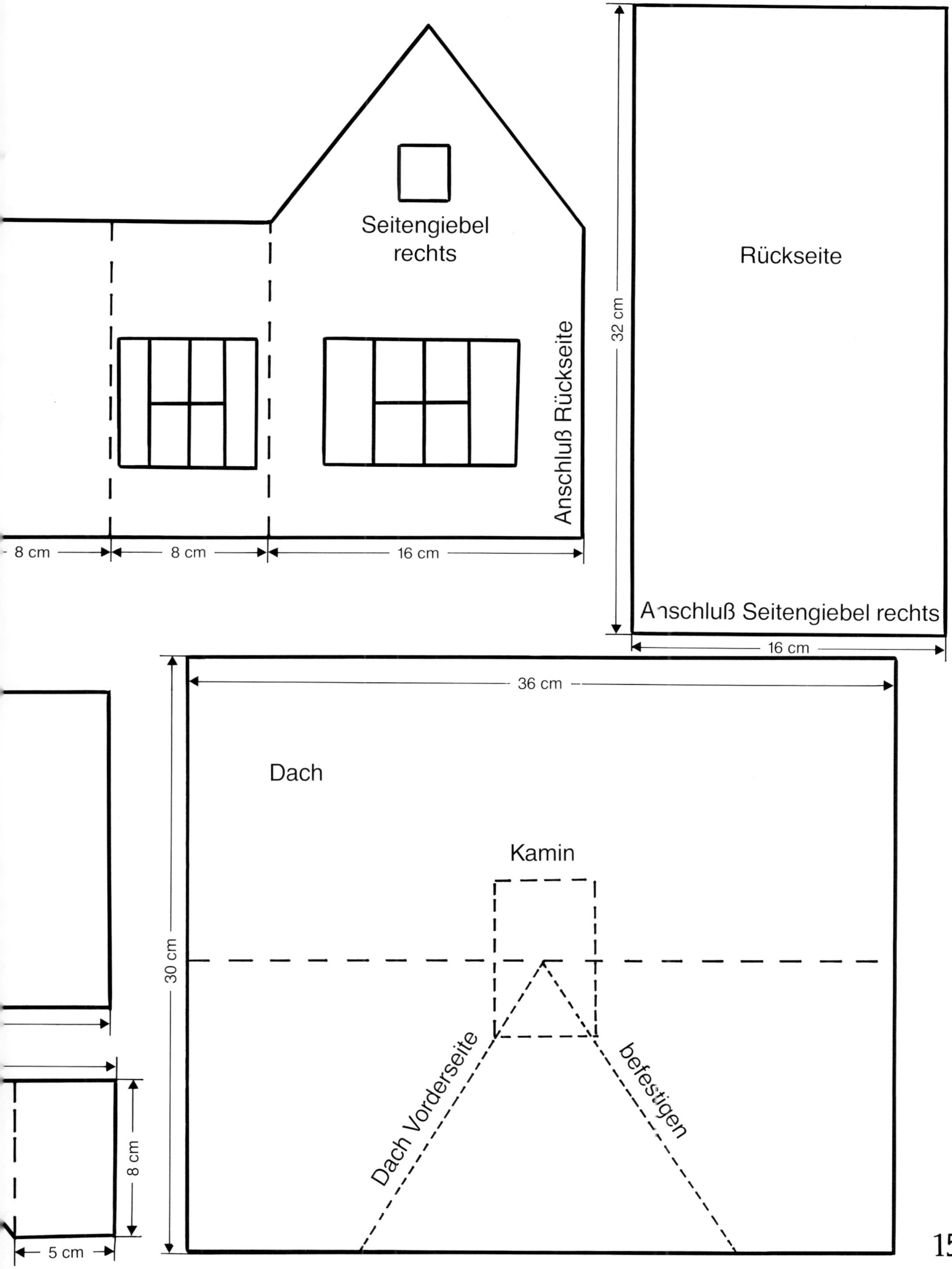
Seitengiebel rechts
Anschluß Rückseite
8 cm
8 cm
16 cm
Rückseite
32 cm
Anschluß Seitengiebel rechts
16 cm
36 cm
Dach
Kamin
30 cm
Dach Vorderseite
befestigen
8 cm
5 cm

5-Türme-Burg

Benötigtes Material:

1 Schuhkarton
oder Unterbau nach Plan
Bodenplatte
5 Packungen Würfelzucker
4 Packungen
buntes Haribokonfekt
5 Eiswaffeln
Kekse
1 Packung bunte Zucker-perlchen (Nonpareille)
Zuckerguß aus 5 Eiweiß
und 750 g Puderzucker
etwas Kakao
zum Einfärben

Materialkosten: ca. 20,– DM
Arbeitszeit: ca. 3 Stunden

Diese Burg ist leicht nachzubauen. Am einfachsten läßt sich der Unterbau mit einem leeren Schuhkarton erstellen, den Sie samt Deckel mit Zuckerguß auf der Bodenplatte festkleben. Steht Ihnen kein Schuhkarton zur Verfügung, fertigen Sie den Unterbau nach dem Bauplan.

Die Burgmauern aus Würfelzucker werden mit etwas eingefärbtem Zuckerguß an den Unterbau geklebt, jede folgende Reihe etwas versetzt auf die vorherige. Durch Weglassen einzelner Würfel entstehen die Burgzinnen.

4 Papphülsen von gleicher Länge ergeben die Burgtürme. Sie werden mit Zuckerguß an den 4 Ecken befestigt und mit Haribokonfekt möglichst bunt beklebt. Als Turmdach erhält jeder Turm eine Waffeltüte. Aus Geleebonbons, Zahnstochern und rotem Tonpapier entstehen die Fähnchen.

Schließlich wird noch der Schachteldeckel mit Zukkerwürfeln gepflastert.
In die Mitte wird ein fünfter Turm gesetzt, der ebenfalls mit Haribokonfekt beklebt wird. Eine Waffel bildet das Burgtor.
Es wird von buntem Konfekt umrahmt.

5-Türme-Burg

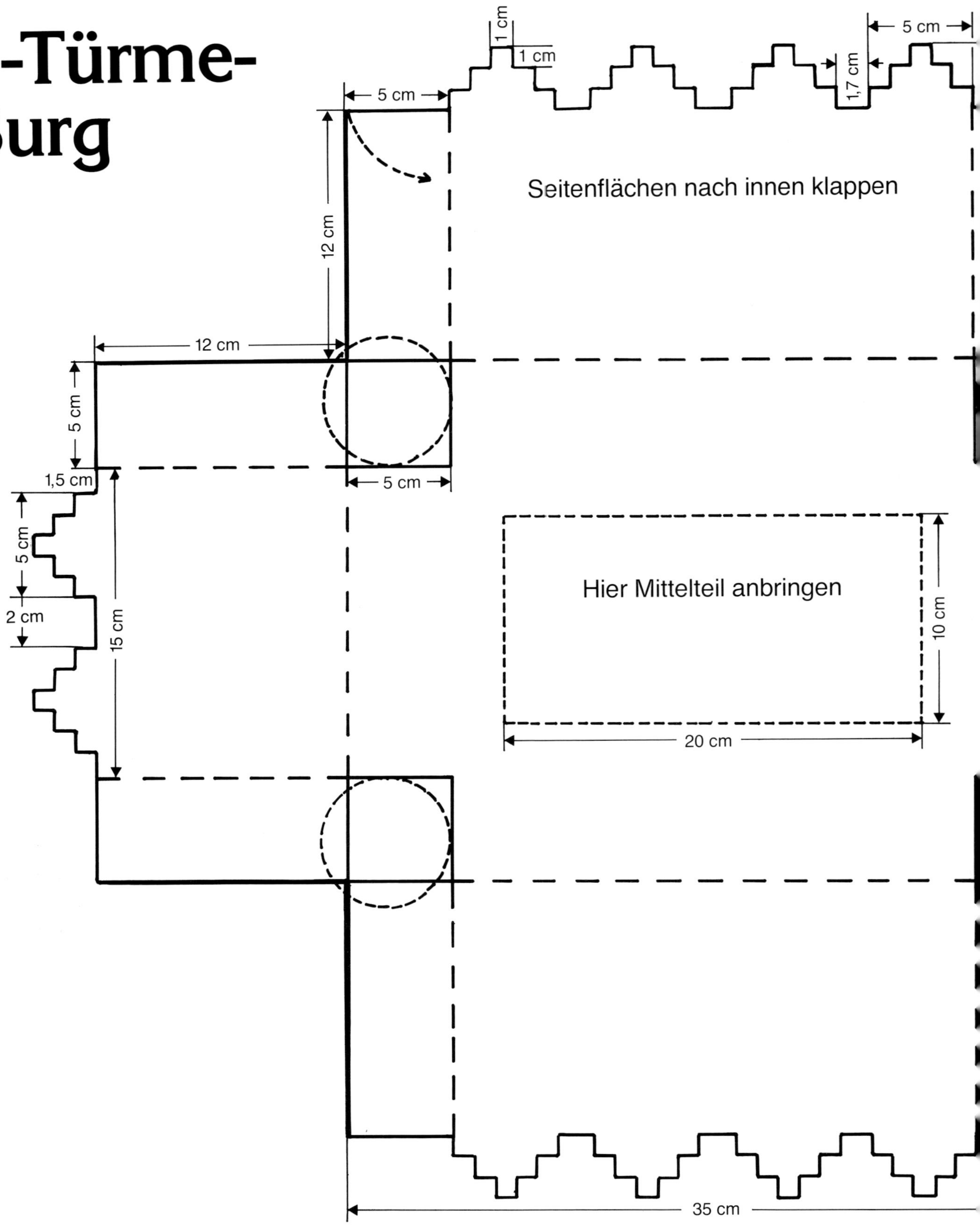

1 cm
1 cm
5 cm
1,7 cm
5 cm
Seitenflächen nach innen klappen
12 cm
12 cm
5 cm
1,5 cm
5 cm
5 cm
2 cm
15 cm
Hier Mittelteil anbringen
10 cm
20 cm
35 cm

Mittelteil der Burg

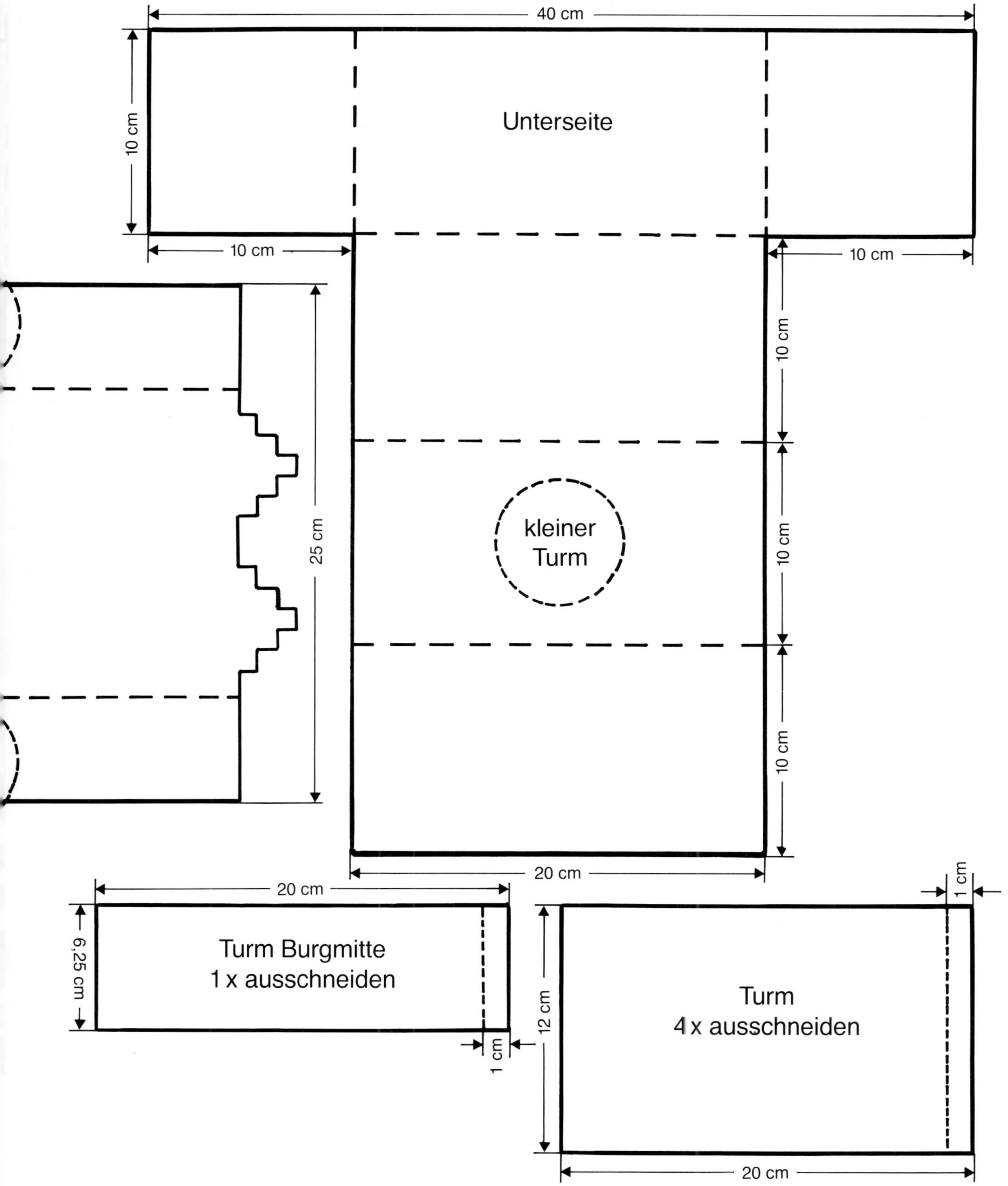

Almhütte mit Brücke

Benötigtes Material:

Kartonunterbau
Bodenplatte
1 große Packung Salzstangen
1 Packung Grissini
Löffelbisquit für die Zaunsäulen
1 Packung Würfelzucker
Zuckerguß aus 5 Eiweiß und 750 g Puderzucker

Materialkosten: ca. 20,– DM
Arbeitszeit: ca. 4 Stunden

Die Bodenplatte gibt das Maß für die Größe der Landschaft. Der Kartonunterbau wird darauf festgeklebt, er kann aber auch weggelassen werden.
Die Arbeit beginnt mit der Grundmauer der Almhütte. Als Baumaterial dient Würfelzucker, als Fugenmittel Zuckerguß. Die Grundmauern werden so hoch gezogen, daß die Salzstangen daran in voller Länge mit dem Zuckerguß angeklebt werden können. Ein halbhoher Mauerpfeiler aus Würfelzucker an jeder Hausecke befestigt die Konstruktion. Beide Schmalseiten der Almhütte benötigen einen Giebel. Hierzu wird jede Mauerreihe für Schräge um einen halben Würfel gekürzt. Vor dem Anbringen des Daches werden die sichtbaren Unterseiten schon dick mit Zuckerguß eingestrichen, vor allem aber um den festen Halt des Daches zu gewährleisten. Das Dach selber erhält eine dicke Auflage aus Zuckerguß, um den Eindruck einer tief verschneiten Hütte wiederzugeben. Mit einem Zahnstocher lassen sich dekorative Eiszapfen am unteren Rand des Daches formen. Der Zuckerguß wird damit nur etwas nach unten gezogen.

Vor dem Bau der Brücke wird als nächstes der Bachlauf angelegt. Blaue Speisefarbe wird mit etwas Zuckerguß zum gewünschten Farbton verrührt und auf die Platte aufgetragen. Nach vorne verbreitert sich das Bachbett. Die Ufer können zusätzlich mit Würfelzucker befestigt werden. Gesiebter Puderzucker über der gesamten Landschaft erweckt den Anschein frischgefallenen Schnees. Für die Brücke werden am Bachufer vier gleich hohe Pfeiler aus Grissini-Stücken mit Zuckerguß festgeklebt. Um der Brücke zusätzlich Halt zu geben, stützen Haselnüsse die Pfeiler ab.

An die Pfeiler werden die Tragbalken der Brücke, ebenfalls Grissini-Stücke, angeklebt: waagerecht über dem Bachbett, schräg für die Rampen. Auf diesem Gerüst werden Salzstangen, eng nebeneinandergelegt, mit Zuckerguß befestigt. Nun fehlt nur noch das Geländer aus Grissini, das nach persönlichem Geschmack noch verziert werden kann.

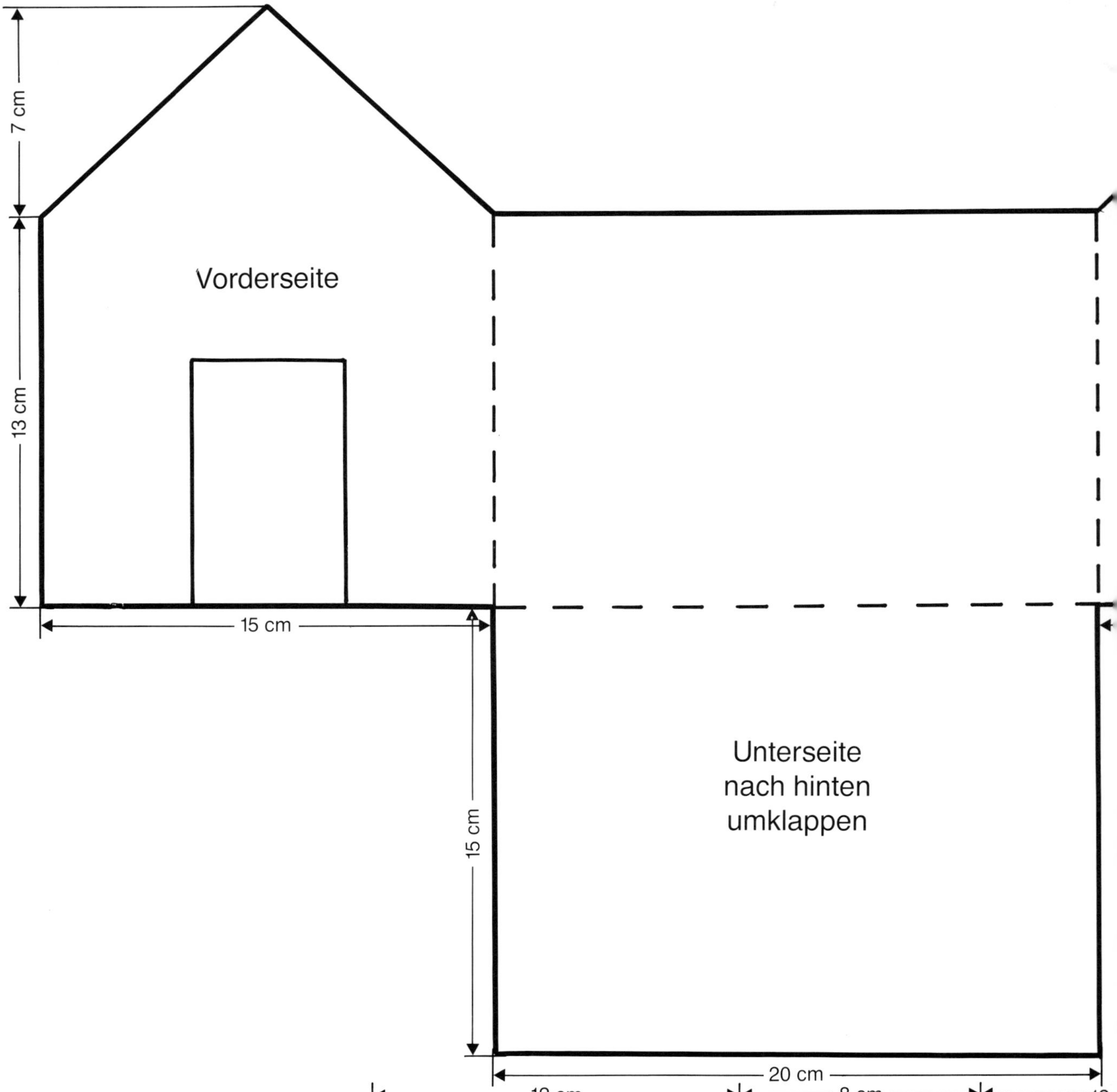
7 cm
13 cm
Vorderseite
15 cm
15 cm
Unterseite
nach hinten
umklappen
20 cm

Brücke

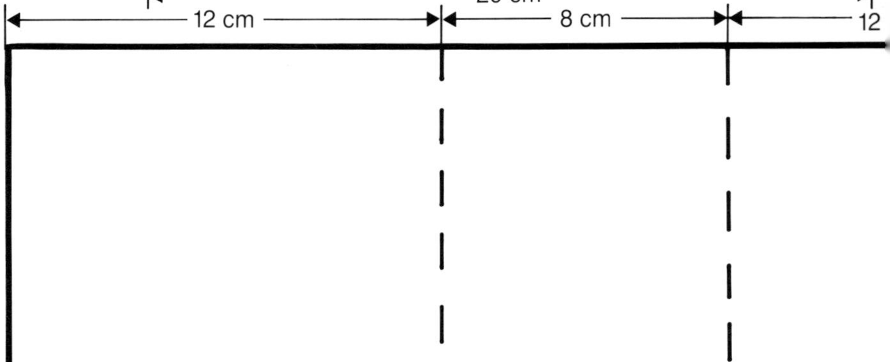
12 cm
8 cm
12
32 cm

Almhütte mit Brücke

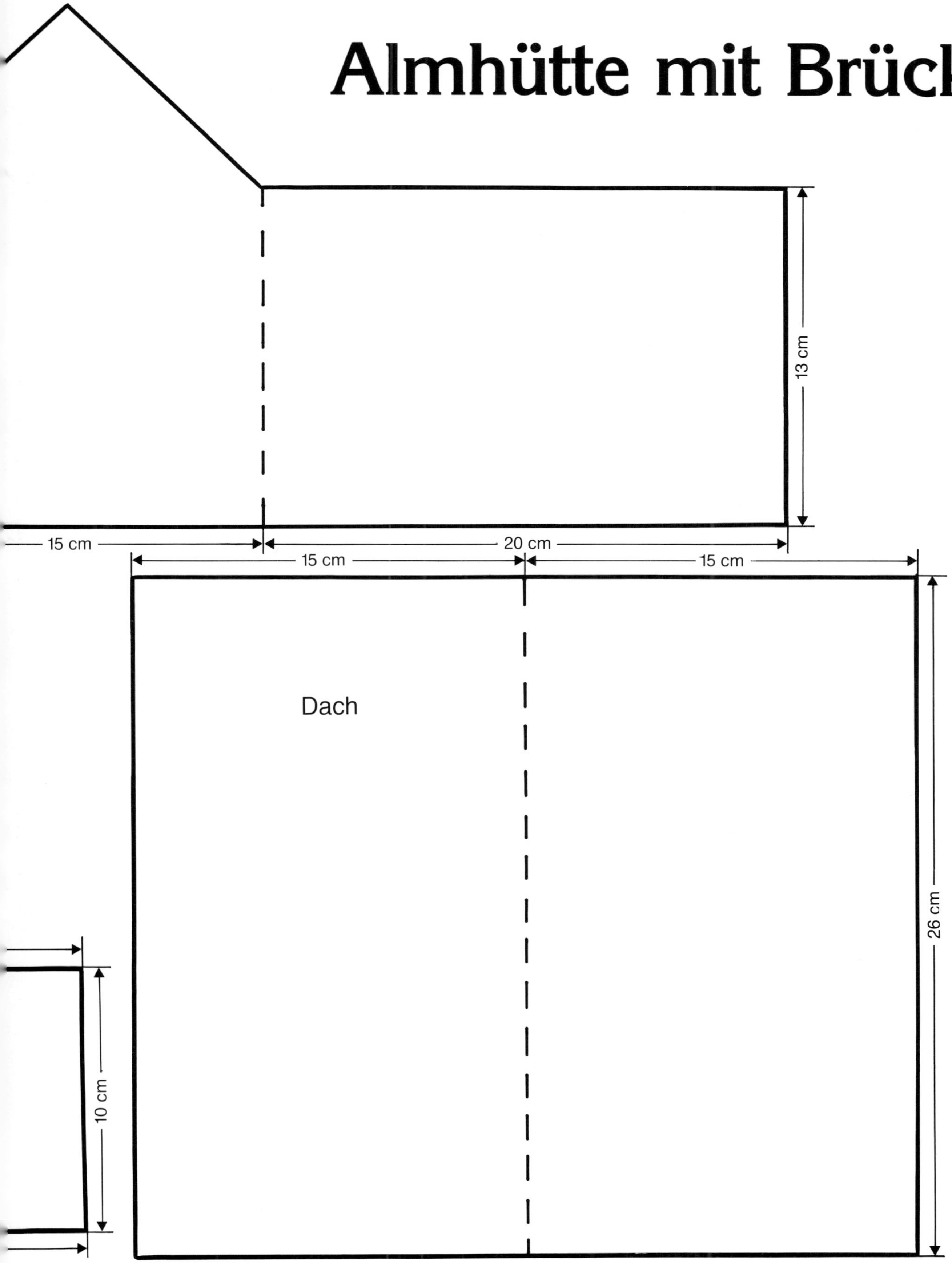

Weißblaues Haus

Benötigtes Material:

Kartonunterbau
Zuckerguß aus 10 Eiweiß und 1500 g Puderzucker
4 Tuben blaue Speisefarbe von Schwartau
Zuckerdekoperlen silber
grüne und rote Zuckerschrift
Fruchtbonbons zum Schmelzen für die Fensterscheiben
6 kleine Kerzchen
Waffelröllchen für die Zaunsäulen
Fruchtkaramel-Bonbons als Pflaster rund um das Haus

Materialkosten: ca. 30,– DM
Arbeitszeit: ca. 6 Stunden

Zunächst ist der Kartonunterbau zu erstellen und mit Oblaten zu bekleben. Dann wird ringsum der Zuckerguß sorgfältig aufgetragen und glattgestrichen. Der Zuckerguß für dieses Haus muß sehr steif gerührt werden. Die Fenster- und Türrahmen erhalten mit der Spritztüte eine glatte Umrahmung. Auch Hausecken werden mit der Spritztüte verziert. Diese Verzierung wird vor dem Aufsetzen des Daches angebracht. Aus klaren Fruchtbonbons, die im Rohr geschmolzen werden, lassen sich nach dem Auskühlen sehr gut bunte Fensterscheiben herstellen. Mit einer Beleuchtung, die von rückwärts in das Haus gelegt wird, kommen diese Fenster besonders gut zur Wirkung.

Das Dach wird noch vor dem Aufsetzen mit blau gefärbtem Zuckerguß eingestrichen. Blaue Tropfspuren auf den weißen Hauswänden werden dadurch vermieden. Das Verandadach wird ebenfalls vorher blau belegt. Nach dem Festkleben kann das restliche Dekor aus der Spritztüte aufgelegt werden. Der übriggebliebene Zuckerguß kann als Schnee über das Dach verteilt werden. Zwei kleine Kerzchen in jedem Fenster unterstreichen das weihnachtliche Erscheinungsbild. Aus weißen Fruchtkaramel-Bonbons besteht das hausumrandende Pflaster, die Zaunlatten sind aus Zuckerguß gespritzt und getrocknet, dazwischen stehen Waffelröllchen als Zaunposten.

Weißblaues Haus

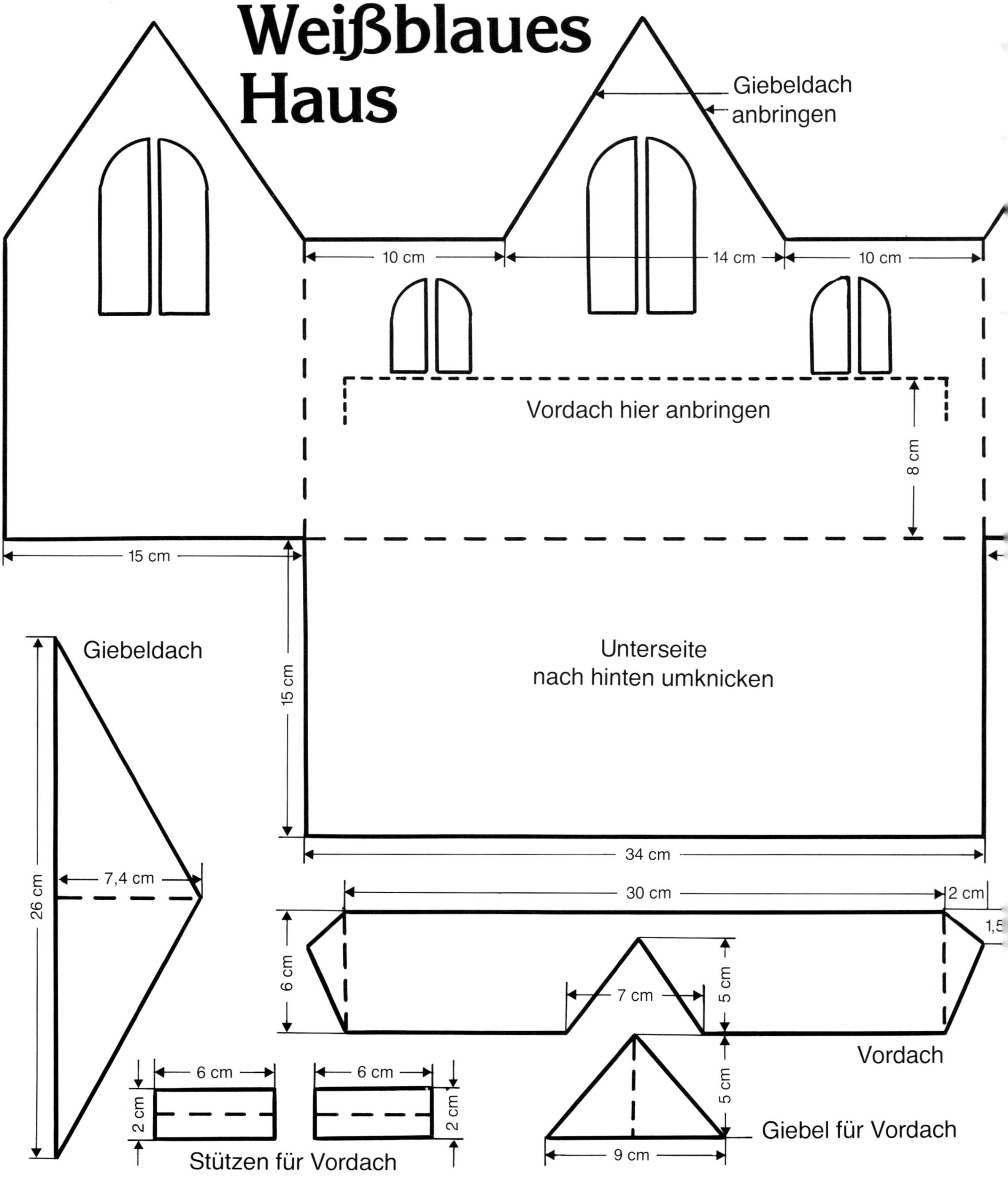

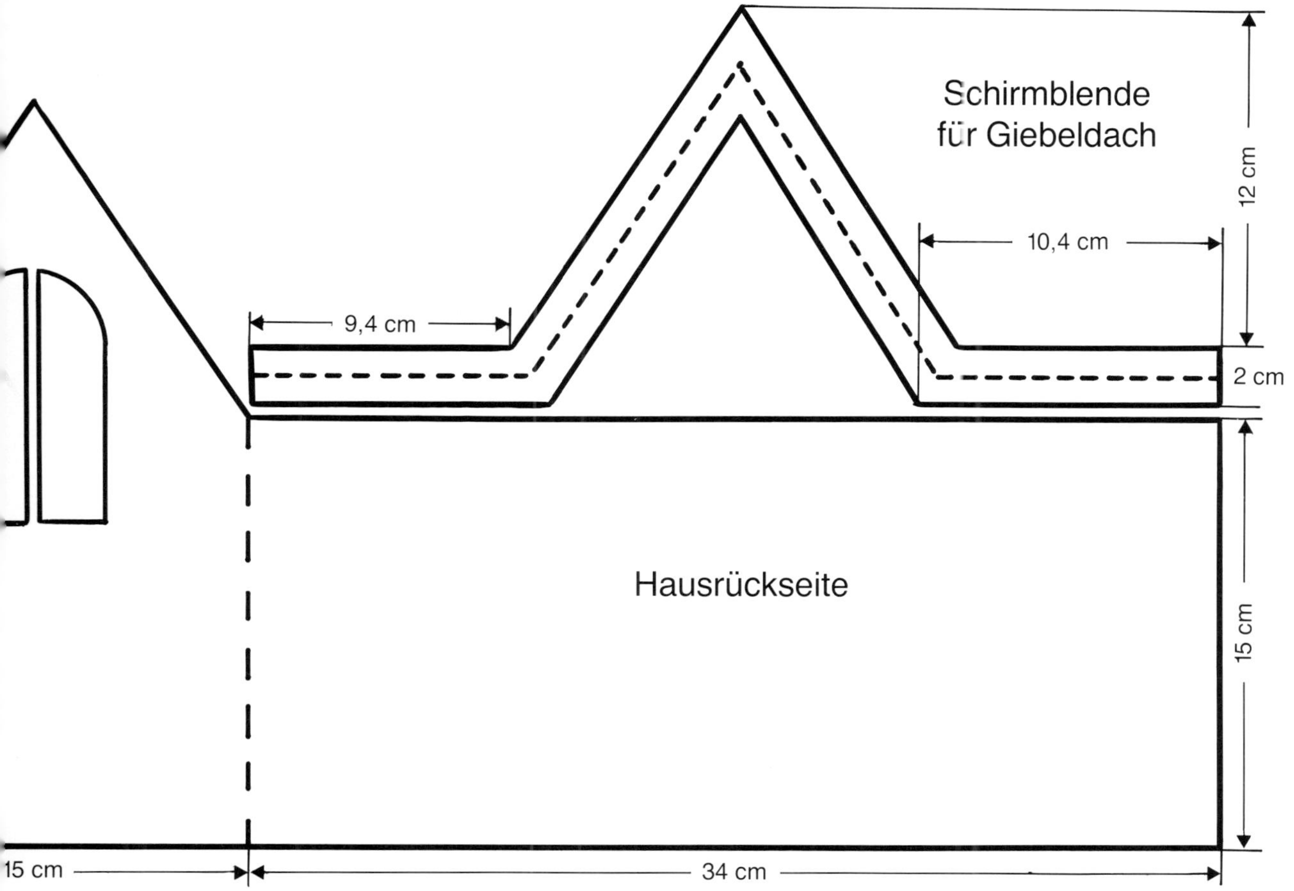
Schirmblende
für Giebeldach
12 cm
10,4 cm
9,4 cm
2 cm
Hausrückseite
15 cm
15 cm
34 cm

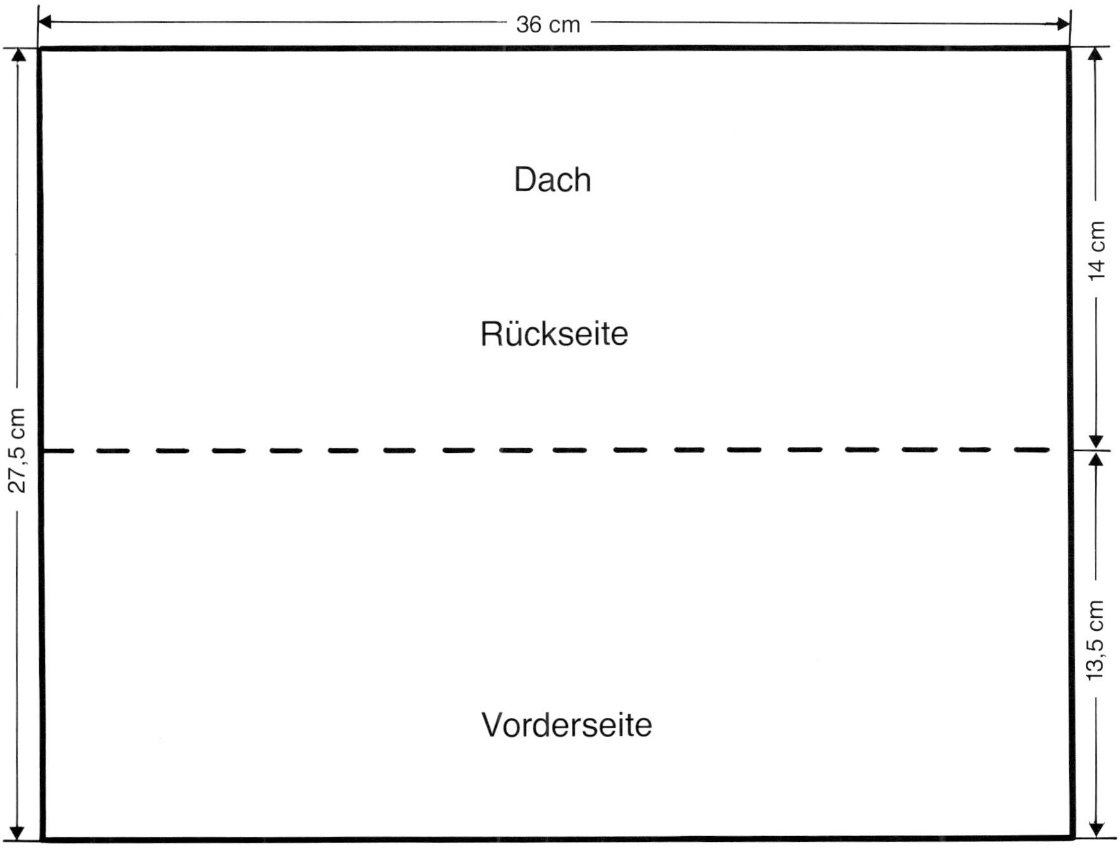
36 cm
Dach
Rückseite
14 cm
27,5 cm
13,5 cm
Vorderseite

Erkerhaus

Benötigtes Material:

Kartonunterbau
Bodenplatte
Lebkuchenteig (doppelte Menge des Rezeptes S. 6)
Zuckerguß aus 15 Eiweiß und 2250 g Puderzucker
4 Packungen Belegkirschen rot und grün
einige Gummibärchen
Dekozuckerperlen silber
je 1 Tube rote und grüne Zuckerschrift
Waffelröllchen

Materialkosten: ca. 30,– DM
Arbeitszeit: ca. 2 mal 4 Stunden

Der exakte Unterbau aus Karton ist wichtig für das Gelingen dieses wunderschönen Lebkuchenhauses. Die Teile werden nach Vorlage zurechtgeschnitten und zusammengefügt. Der Balkonboden wird um 2 cm verlängert, an den Ecken abgeschrägt und in den vorgesehenen Schlitz geschoben. Die Verlängerung wird an der Innenseite der Wand nach unten gebogen und festgeklebt.

Der runde Erker bekommt als Unterbau eine leere Küchenpapierhülse. Sie muß allerdings auf einer Seite so eingeschnitten werden, daß sie mit der Hausmauer bündig abschließt. Dieses Gebäude ist nicht zum Verzehr gebaut und daher nicht mit Oblaten beklebt worden. Der etwa 3 mm dick und großflächig ausgerollte Teig wird zum Rechteck geschnitten und schnell um den ganzen Bau gelegt, der kurz vorher rundum mit Zuckerguß eingepinselt worden ist. Am besten beginnt man an der Rückseite mit dem Anlegen des Teiges. Gleichmäßig fest angedrückt und mit einem kleinen Teigroller noch geglättet, haftet er gut. Nach kurzer Zeit trocknet er völlig durch. Schlecht zugängliche Stellen können mit dem Ende des Kochlöffelstieles angedrückt werden.

Auch die Dachflächen erhalten einen Teigauftrag. Ausnahmsweise wird bei diesem Haus zuerst das Dach dekoriert. Die roten Belegkirschen werden halbiert und, von unten beginnend, mit etwas Zuckerguß auf die Dachflächen geklebt. Lediglich der untere Dachrand des runden Erkers und der Dachfirst werden mit grünen halbierten Früchten belegt.

Das Balkongeländer besteht aus kleinen Gummibärchen, die tief in den Zuckerguß getaucht werden und am Rand des Balkonbodens festgedrückt werden.

Inzwischen ist der Teig soweit angetrocknet, daß sich leicht die Markierungspunkte für das Hauptdekor anbringen lassen.

Mit der Spritztüte und der Tülle mit der kleinsten Öffnung werden die Verzierungen aufgetragen. Der Zuckerguß muß dazu besonders steif sein. Nur so bleibt die aufgespritzte Masse in der gewünschten Form. Die Umrahmungen der Fenster sind mit einer etwas größeren Tüllenöffnung aufgelegt. Der Balkonboden, der Dachfirst sowie die Hausecken werden mit der Schleifchentülle verziert.

Für die Kränze im Fenster und neben der Haustür und für die Girlanden am Balkon und im Erkerfenster wird die Tubenöffnung der grünen Zuckerschrift gezackt eingeschnitten (drei Zacken mindestens). Durch den starken Druck auf die Tube bekommt die austretende Farbe das gewünschte Relief. Mit der roten Zuckerschrift werden dann die Schleifchen gezogen. Zuckersilberperlen verschönen zusätzlich den Kranz und die Girlande im Erkerfenster.

Für den Fall, daß ein Zaun nachgearbeitet wird, werden die Zaunlatten mit einer mittelstarken Tülle auf Alufolie gespritzt und gut getrocknet. Für die Zaunpfosten eignen sich Waffelröllchen. Durchgesiebter Puderzucker ergibt eine herrliche Schneelandschaft.

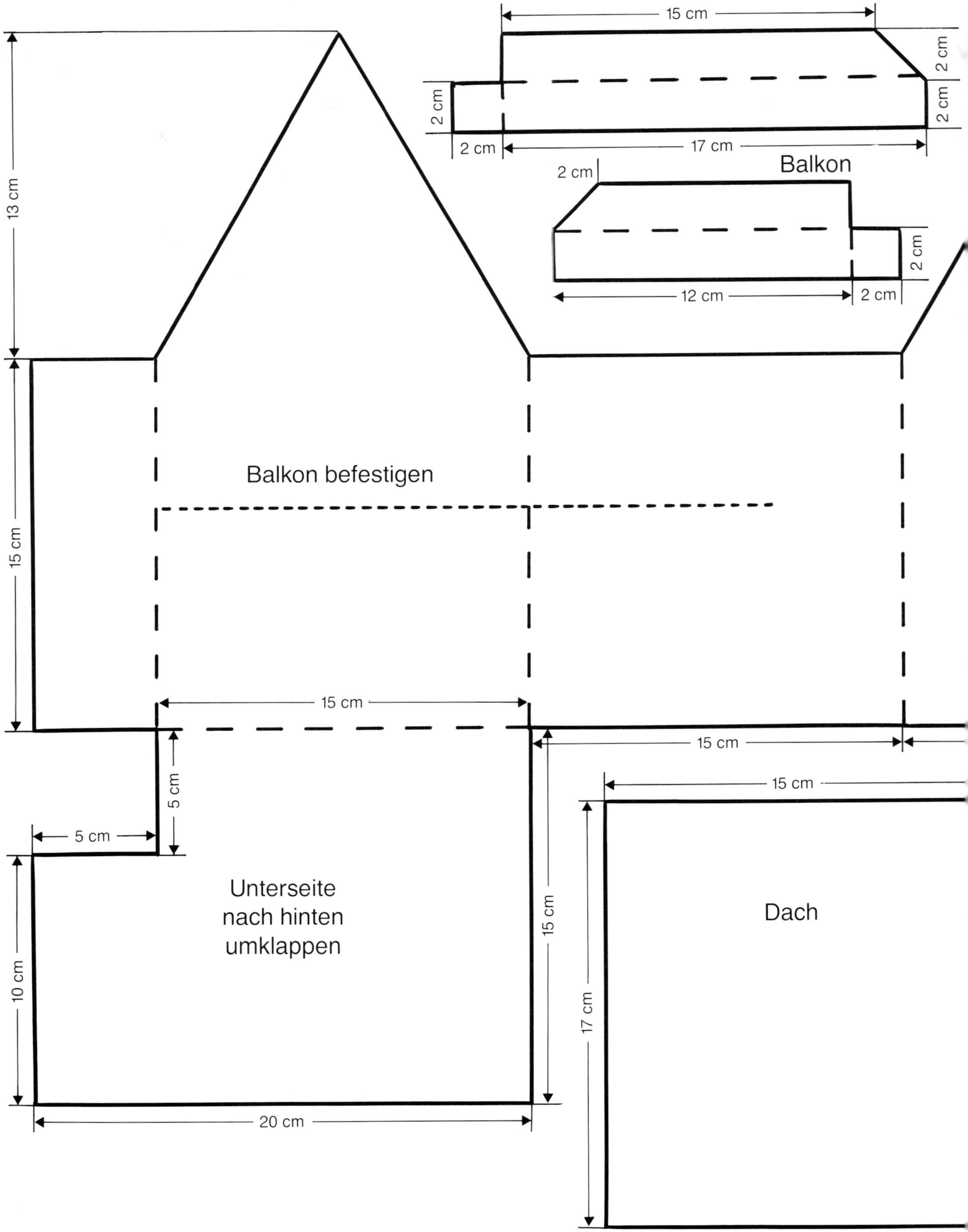
15 cm
2 cm
2 cm
2 cm
2 cm
17 cm
2 cm
Balkon
2 cm
12 cm
2 cm
13 cm
Balkon befestigen
15 cm
15 cm
15 cm
15 cm
5 cm
5 cm
Unterseite
nach hinten
umklappen
15 cm
17 cm
Dach
10 cm
20 cm

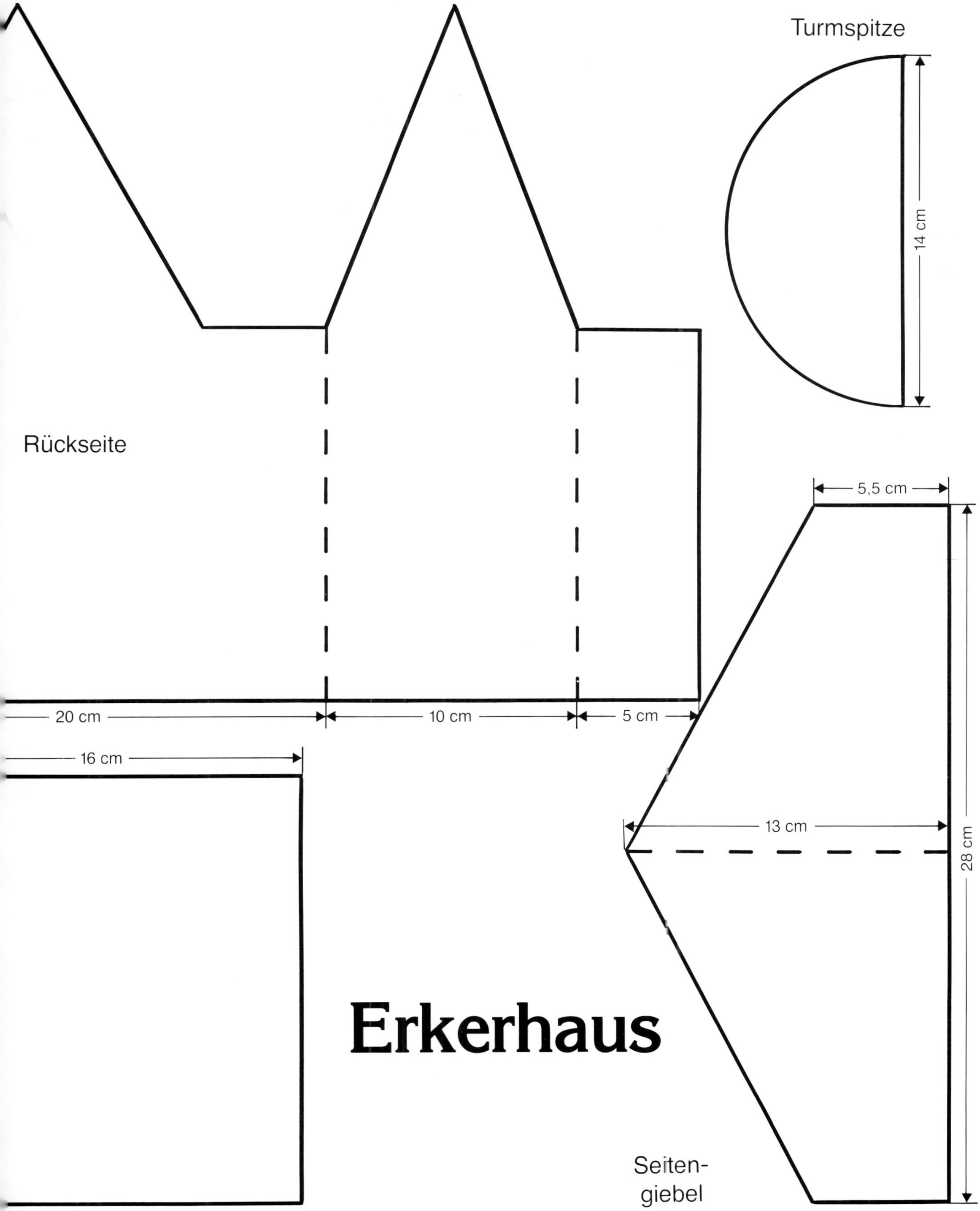
Turmspitze
14 cm
Rückseite
5,5 cm
20 cm
10 cm
5 cm
16 cm
13 cm
28 cm
Seiten-
giebel

Erkerhaus

Hexenhaus

Nach dem Plan fertigen Sie aus dem Karton die Grundform und bekleben Sie mit Oblaten. Der Teig wird flach ausgerollt, die Teigteile werden ausgeschnitten und bei mäßiger Hitze mehr getrocknet als gebacken. Anschließend werden sie auf den Kartonunterbau geklebt.

In der Giebelwand wird eine Tür angedeutet und mit Dekomaterial eingerahmt. Die Wände teilen Sie in lauter Rechtecke auf und belegen jedes davon ganz nach Belieben. Je bunter das Haus gestaltet wird, um so mehr Freude wird es hervorrufen. Das Dach wird mit runden Oblaten überlappend eingedeckt und zusätzlich mit bunten Schokolinsen geschmückt. Belegkirschen bilden den Abschluß auf dem Dachfirst.

Benötigtes Material:

Kartonunterbau
Lebkuchenteig
nach dem Grundrezept S. 6
2 Packungen
runde Oblaten
2 Packungen
bunte Schokolinsen
Deko-Material (möglichst viele verschiedene Sorten, Resteverwertung)

Materialkosten: ca. 20,– DM
Arbeitszeit: ca. 4 Stunden

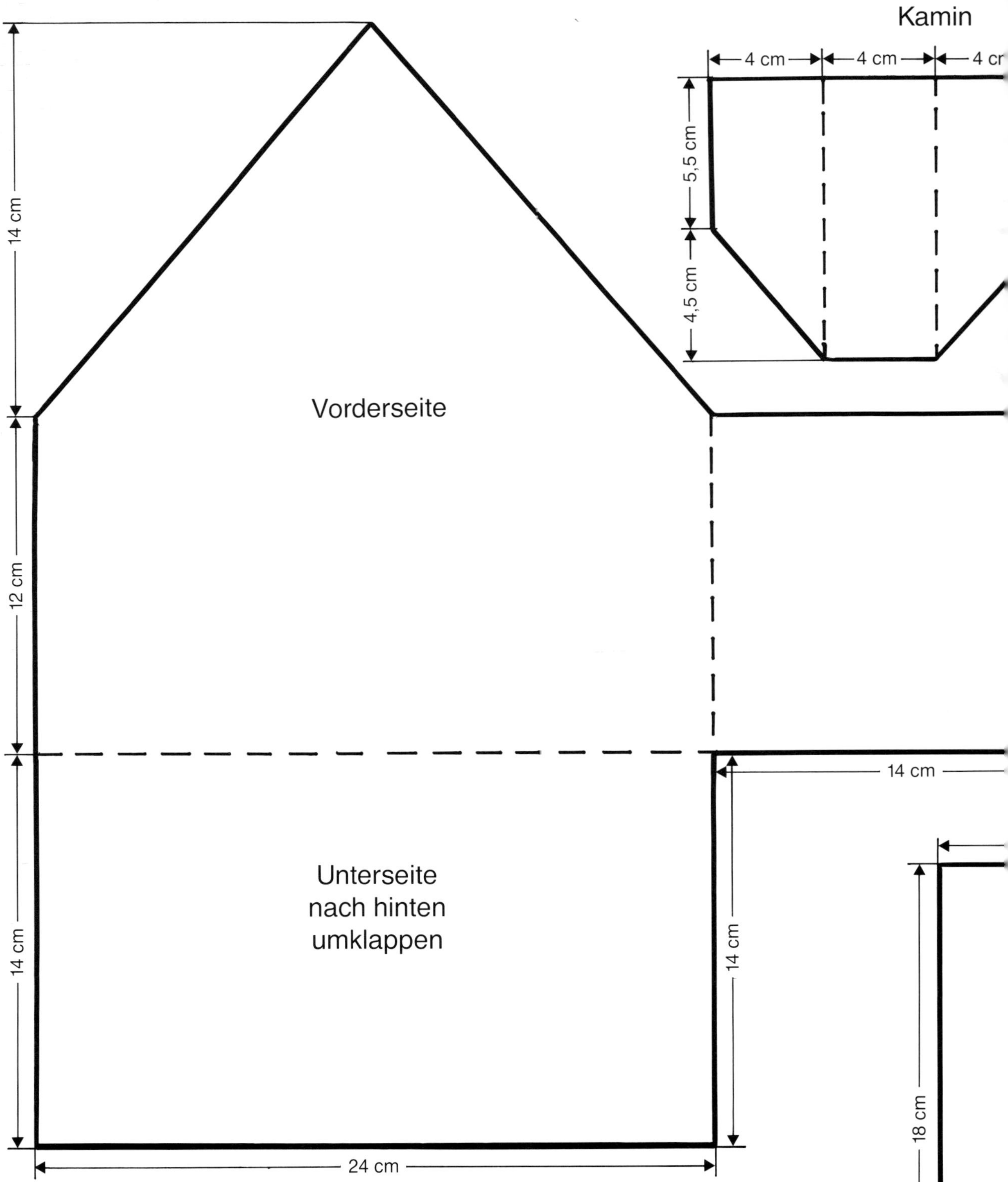
Kamin
4 cm
4 cm
4 cm
5,5 cm
4,5 cm
14 cm
Vorderseite
12 cm
14 cm
Unterseite
nach hinten
umklappen
14 cm
14 cm
24 cm
18 cm

Hexenhaus

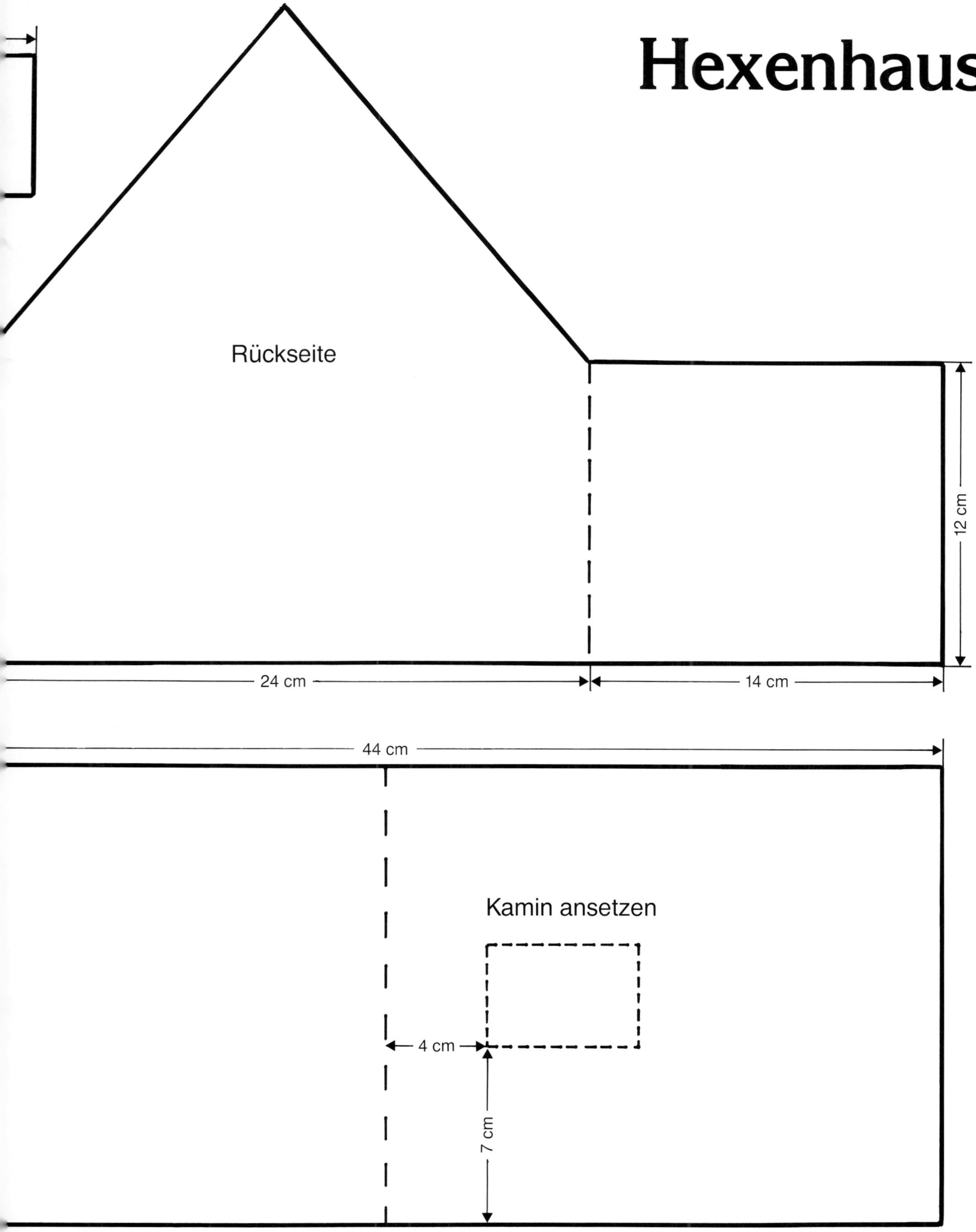

Bauernhof

Benötigtes Material:

Kartonunterbau
Bodenplatte
große Oblaten
Zuckerguß aus 8 Eiweiß und 1200 g Puderzucker
4 Eßlöffel Nesquick zum Einfärben
2 Packungen halbierte Haselnüsse
1 Packung Rohmarzipan

Materialkosten: ca. 20,– DM
Arbeitszeit: ca. 4 Stunden

Sie fertigen den Kartonunterbau und bekleben ihn mit Oblaten. Unter der Voraussetzung, daß dieser Bauernhof längere Zeit als Dekoration Verwendung findet, wird auf die Oblaten der eingefärbte, sehr steif gerührte Zuckerguß reichlich aufgetragen. Die Fenster- und Türöffnungen erhalten eine Umrahmung mit ganzen Haselnußkernen, die in etwa die gleiche Größe haben sollten. Bevor die Masse ganz trocknet, wird mit einem in kaltes Wasser getauchten Pinsel die Wand gestupft.

Die beiden seitlichen Kamine erhalten rundum eine Auflage von Haselnüssen, die reichlich in Zuckerguß getaucht sind und fest angedrückt werden. Ordnen Sie die Haselnüsse versetzt an. Wenn die Kamine fertig sind, werden die beiden kleinen Ställe seitlich angeklebt. Ihre Mauern sind wie die des Hauses gestaltet. Das Dach wird mit Hilfe der Knoblauchpresse gedeckt. Sie formt den Zuckerguß, dessen Fäden eng aneinandergedrückt werden. Haselnüsse finden Verwendung als Firstverkleidung.

Aus dem Rohmarzipan werden für die Schweinchen kleine kurze Rollen gedreht. Ein Ende ist abgerundet, das andere etwas spitzer für den Kopf geformt. Kleine Dreiecke werden als Ohren aufgesetzt und mit einem Zahnstocher die Augen angedeutet. Die Augen können auch gemalt werden.

Halbierte Haselnüsse pflastern den Weg um den Hof und zum Wassertrog, der aus einem Teigrest angefertigt werden kann.

Bauernhof

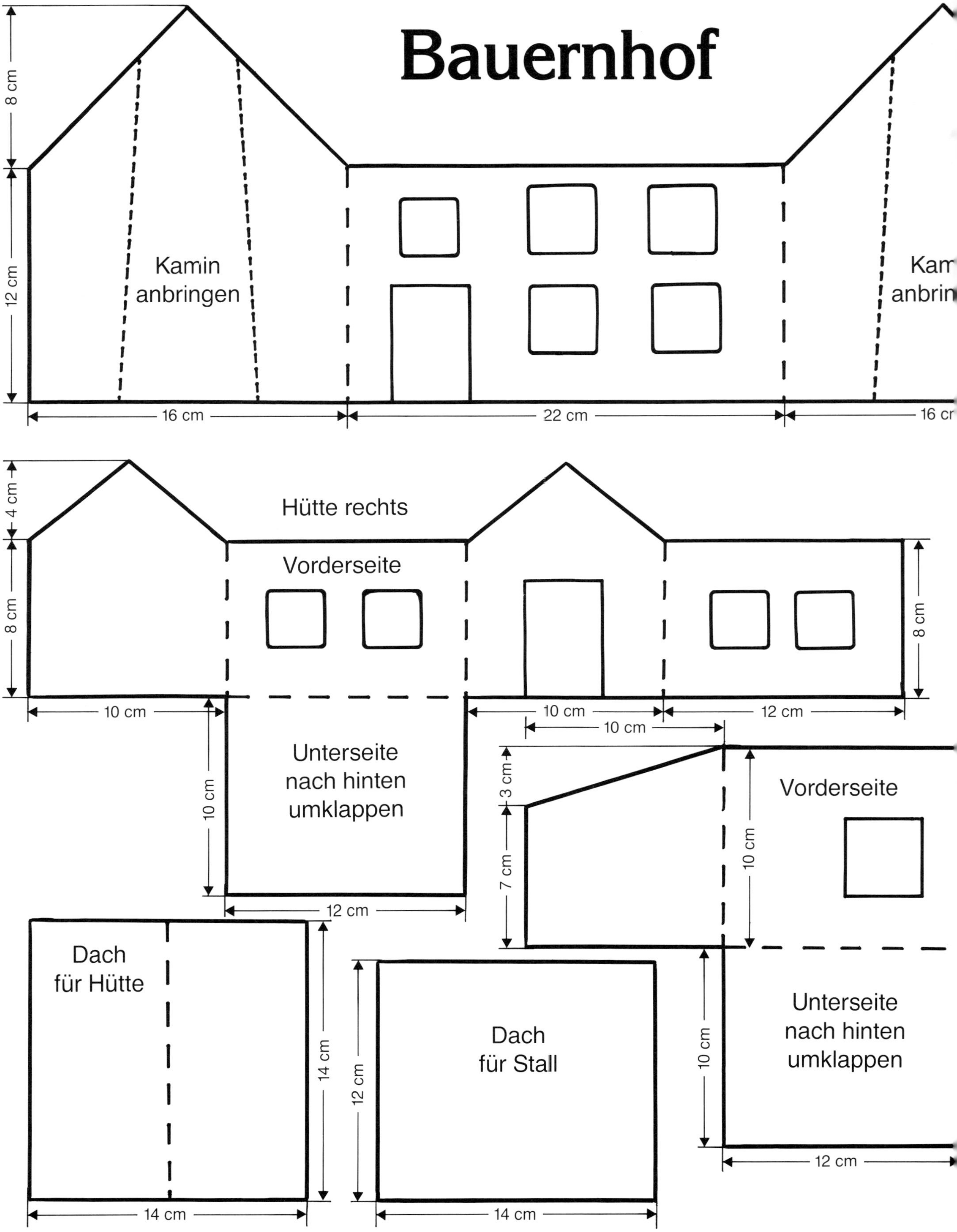
8 cm
12 cm
Kamin anbringen
16 cm
22 cm
Kam
anbrin
16 cm
4 cm
8 cm
Hütte rechts
Vorderseite
10 cm
10 cm
10 cm
12 cm
8 cm
Unterseite nach hinten umklappen
10 cm
12 cm
3 cm
7 cm
Vorderseite
10 cm
Dach für Hütte
14 cm
14 cm
Dach für Stall
12 cm
14 cm
Unterseite nach hinten umklappen
10 cm
12 cm

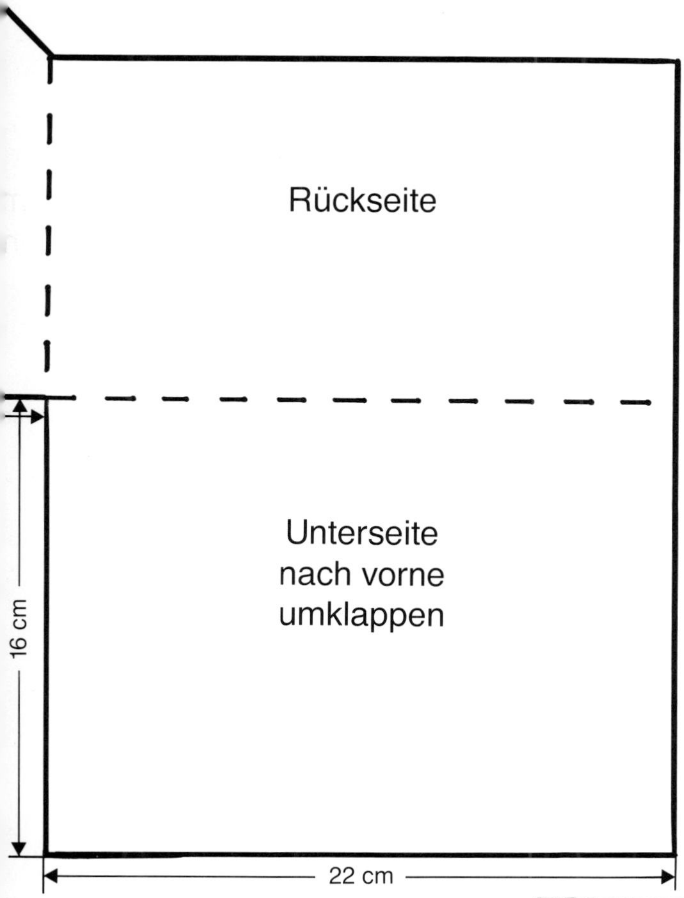

Kamin

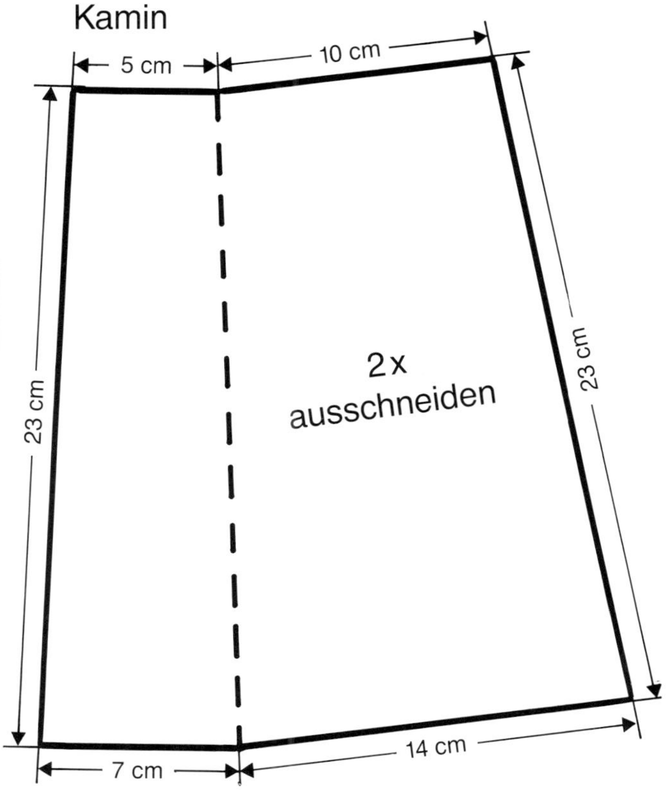

Der Kamin wird an der kurzen Seite am Haus befestigt. Die lange Seite wird im Halbbogen (siehe Skizze) angeklebt.

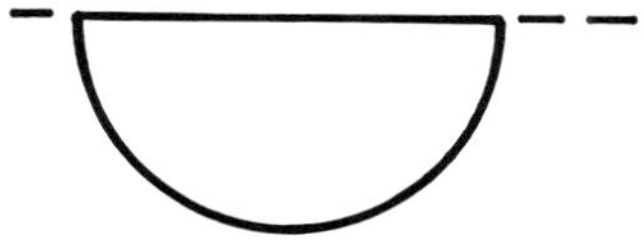

Stall links

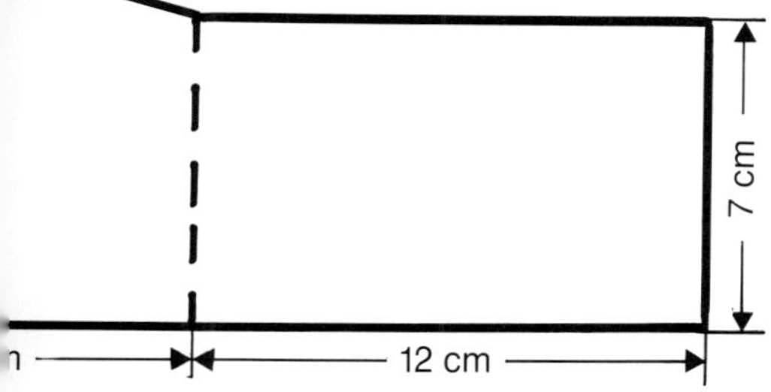

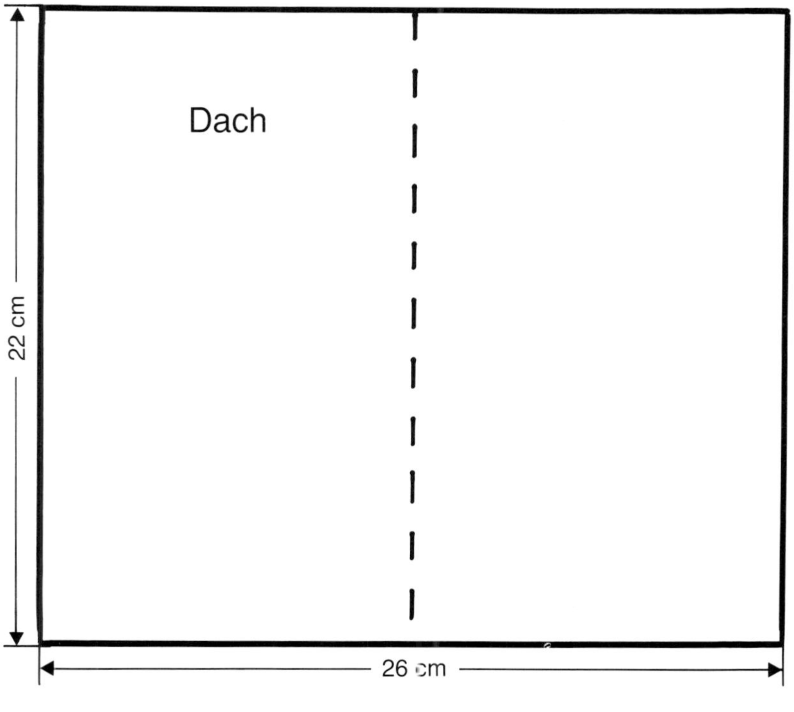

Bahnhof

Die Herstellung des Kartonunterbaus ist nicht schwer. Mit etwas Zuckerguß wird er auf der Bodenplatte festgeklebt.

Die 5 Eigelb werden mit etwas Puderzucker verrührt. Mit dieser Masse bestreichen Sie 2 große Oblaten, die Sie an den Rändern beschweren müssen, damit sie sich beim Trocknen nicht wellen.

Diese gelben Flächen dienen zur Herstellung der Fenster und Türen.

Mit Spinatsaft oder grüner Speisefarbe wird der größte Teil des Zuckergusses grün eingefärbt. Bei Verwendung von Spinatsaft müssen Sie etwas mehr Puderzucker nehmen, um wieder eine steife Masse zu erhalten. Der Kartonunterbau wird mit Oblaten beklebt. Das Dach wird mit Geleebonbons gedeckt. Die Seitenwände erhalten einen Überzug aus grünem Zuckerguß, den Sie mit einem Plastiklineal sorgfältig glattstreichen. In die noch weiche Masse drücken Sie die gehackten Pistazienkerne als Sockel.

Fenster- und Türscheiben werden mit etwas Zuckerguß angeklebt. Für die Tür benötigen Sie noch etwas rot eingefärbten Guß. Fenster- und Türrahmen entstehen mit dem Spritzbeutel, die Fensterscheiben mit brauner Zuckerschrift. Mit Zuckerschrift werden auch Uhr und Stationsschild beschriftet. Kleine Zuckerblüten vervollständigen die Dekoration. Das Gleis vor dem Gebäude wird aus Schokostäbchen verlegt.

Benötigtes Material:

Kartonunterbau
Bodenplatte
Zuckerguß aus 8 Eiweiß und 1200 g Puderzucker
5 Eigelb
Saft einer Spinatpackung oder 2 Tuben grüne Speisefarbe von Schwartau
rote Speisefarbe
braune Zuckerschrift von Schwartau
1 Packung gehackte Pistazienkerne
Mini-Dekor Blüten von Schwartau
3 Packungen rötliche Geleebonbons
Schokostäbchen für das Gleis
2 Packungen große Oblaten

Materialkosten: ca. 30,– DM
Arbeitszeit: ca. 4 Stunden

Bahnhof

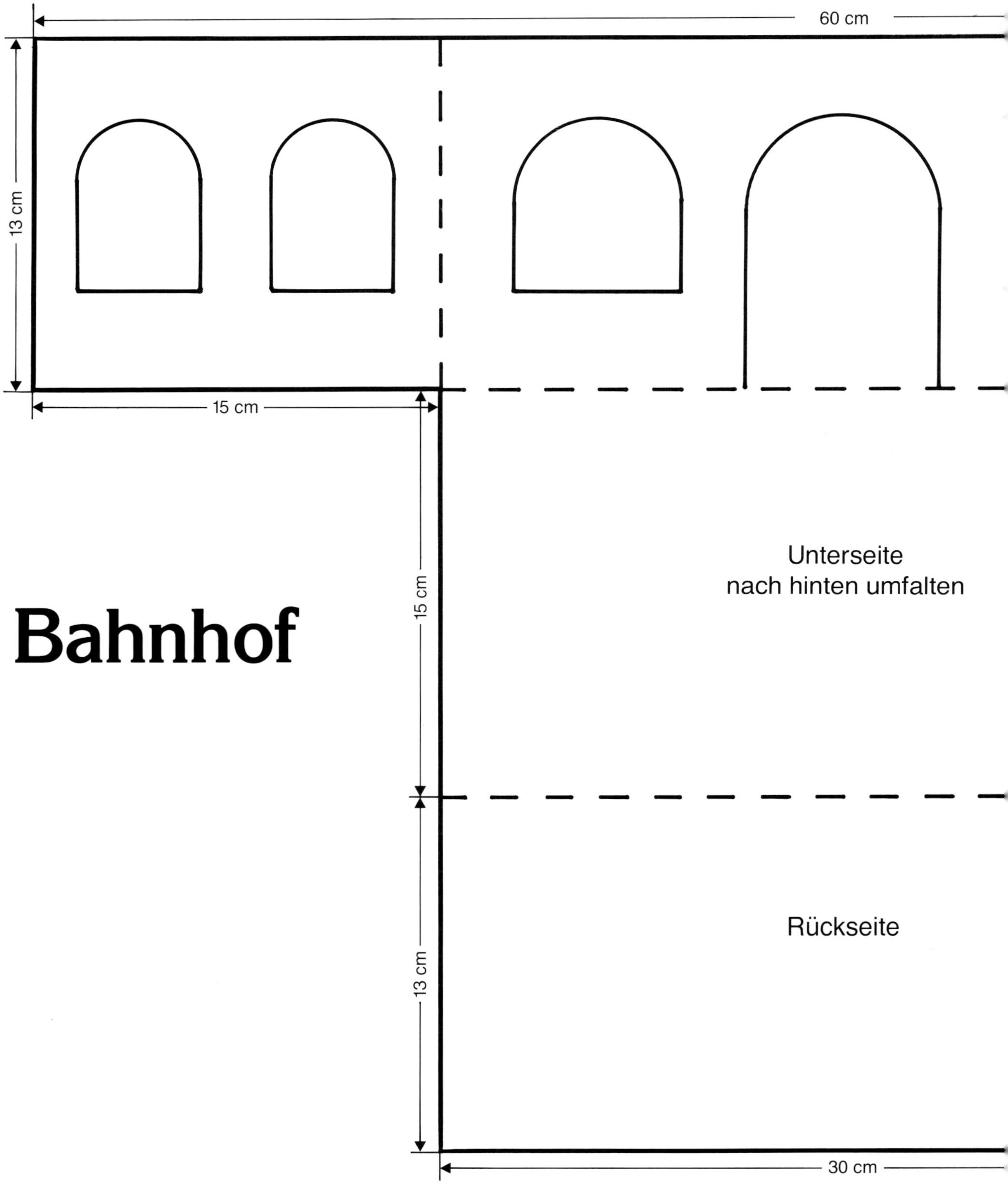

60 cm
13 cm
15 cm
15 cm
Unterseite
nach hinten umfalten
Rückseite
13 cm
30 cm

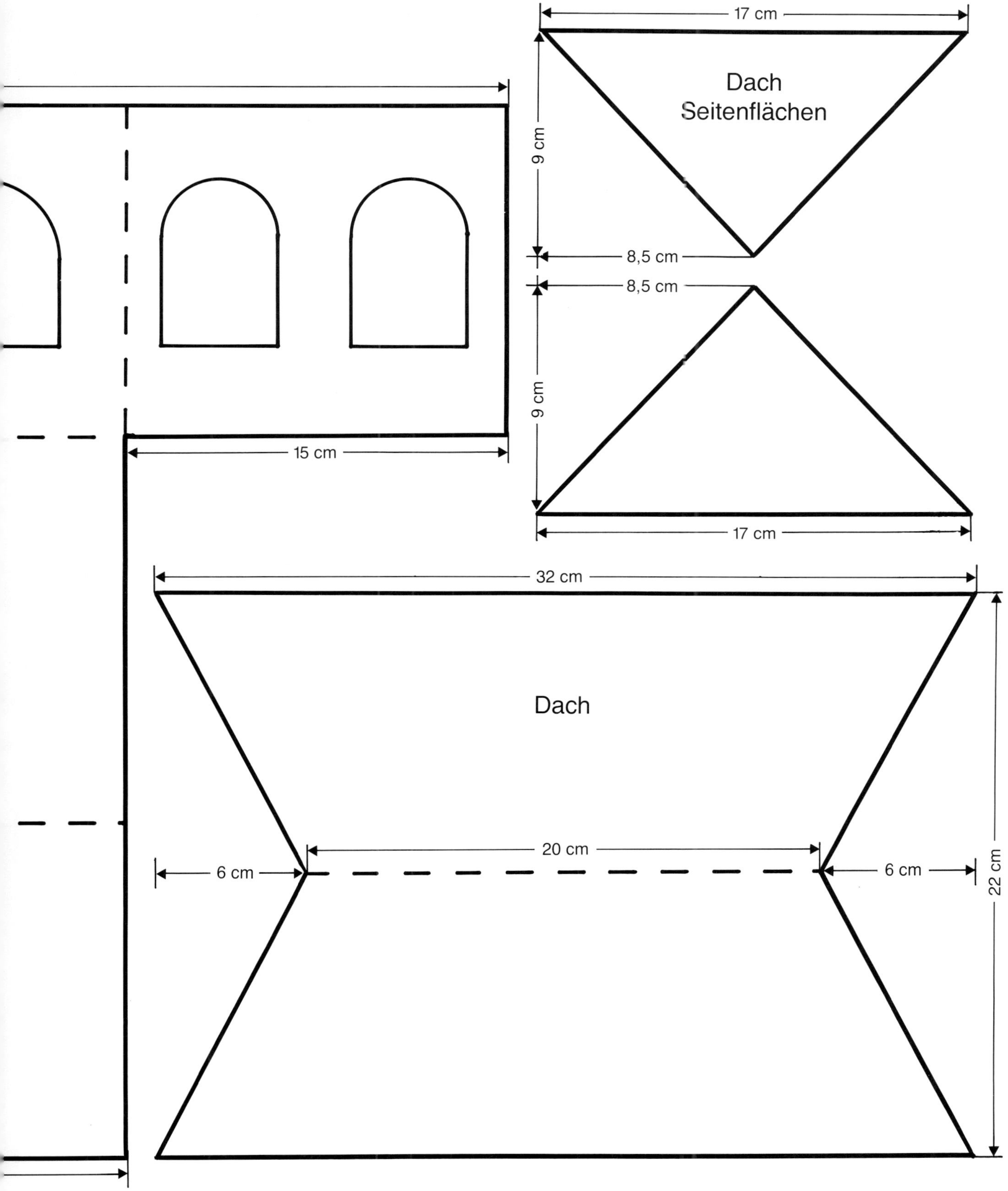

17 cm
Dach
Seitenflächen
9 cm
8,5 cm
8,5 cm
9 cm
17 cm
15 cm
32 cm
Dach
20 cm
6 cm
6 cm
22 cm

19
RESTAURANT

Ladenstraße

Ladenstraße

Benötigtes Material:

Kartonunterbau
Bodenplatte
Mürbteig (Rezept S. 6)
2 Tuben
weiße Fondant-Glasur
je 1 Tube Speisefarbe blau, rot, gelb, grün
braune Zuckerschrift
2 Packungen
große Oblaten
Zuckerguß aus 5 Eiweiß und 750 g Puderzucker

Materialkosten: ca. 30,– DM
Arbeitszeit: ca. 6 Stunden

Die Häuser werden nach Vorlage angefertigt und mit Zuckerguß auf der Bodenplatte festgeklebt.

Wird diese herrliche Ladenstraße ausschließlich zur Dekoration verwendet, erübrigt sich das Bekleben mit Oblaten. Sogar auf das Ausbacken des Teiges kann verzichtet werden. Die Teigschicht läßt sich ungebacken leichter anbringen. Innerhalb von 3 bis 4 Stunden trocknet der Teig ohnehin völlig aus.

Für die Verzierung des linken Hauses wird weiße Fondant-Glasur mit Speisefarbe leuchtend blau eingefärbt und mit einem kleinen Flachpinsel auf die Fensterflächen gestrichen. Das weitere Ausschmükken geschieht mit der Spritztüte und verschiedenen Tüllen. Ob eine Hausnummer oder eine Beschriftung angebracht wird, liegt im Ermessen des Erstellers.

Der große Mittelbau wird durch das rote Dekor besonders hervorgehoben. Rot eingefärbte Fondant-Glasur ergibt die Füllung für Fenster und Türen, die zusätzlich mit einer Spritztüte weiteren Zierat in weiß erhalten. Im Obergeschoß ist mit Fondant-Glasur ein Balkon mit Markise angedeutet. Der Giebel ist abgesetzt mit einer Linie aus der Spritztüte mit mittlerer Sterntülle. Vier gleich gestaltete Fenster reihen sich aneinander. Ob Restaurant, Blumen und Andenken als Geschäfte untergebracht werden, bleibt dem persönlichen Geschmack überlassen.

Der rechte Bau hebt sich ab durch die grüne Farbe. Das Dekor wird ebenfalls mit der Spritztüte mit kleiner Schnurtülle angebracht. Der Türrahmen und der obere Teil des Schaufensters ist mit grün eingefärbter Fondant-Glasur gefüllt. Der Kaminansatz auf dem Dach wird verziert. Der restliche Zuk-

kerguß wird als Schnee auf die Dächer aufgebracht.

Für die Weihnachtsgirlande wird eine Tube grüner Zuckerschrift an der Öffnung gezackt eingeschnitten. Durch starken Druck auf die Tube erhält man die gewünschte Form. Damit die Girlanden gleichmäßig erscheinen, sollte man ihren Verlauf vorher leicht markieren. Die Bögen hier sind außerdem noch mit kleinem Zuckerwerk geschmückt.

Die Sterne auf den Dächern werden aus Karton ausgeschnitten und mit gelb gefärber Fondant-Glasur überzogen. Die Ränder erhalten ein Dekor passend zum Haus: Der Stern am linken Haus hat eine weiße Umrandung, der große in der Mitte bunten Streusand, der rechte Stern ist grün eingefaßt.

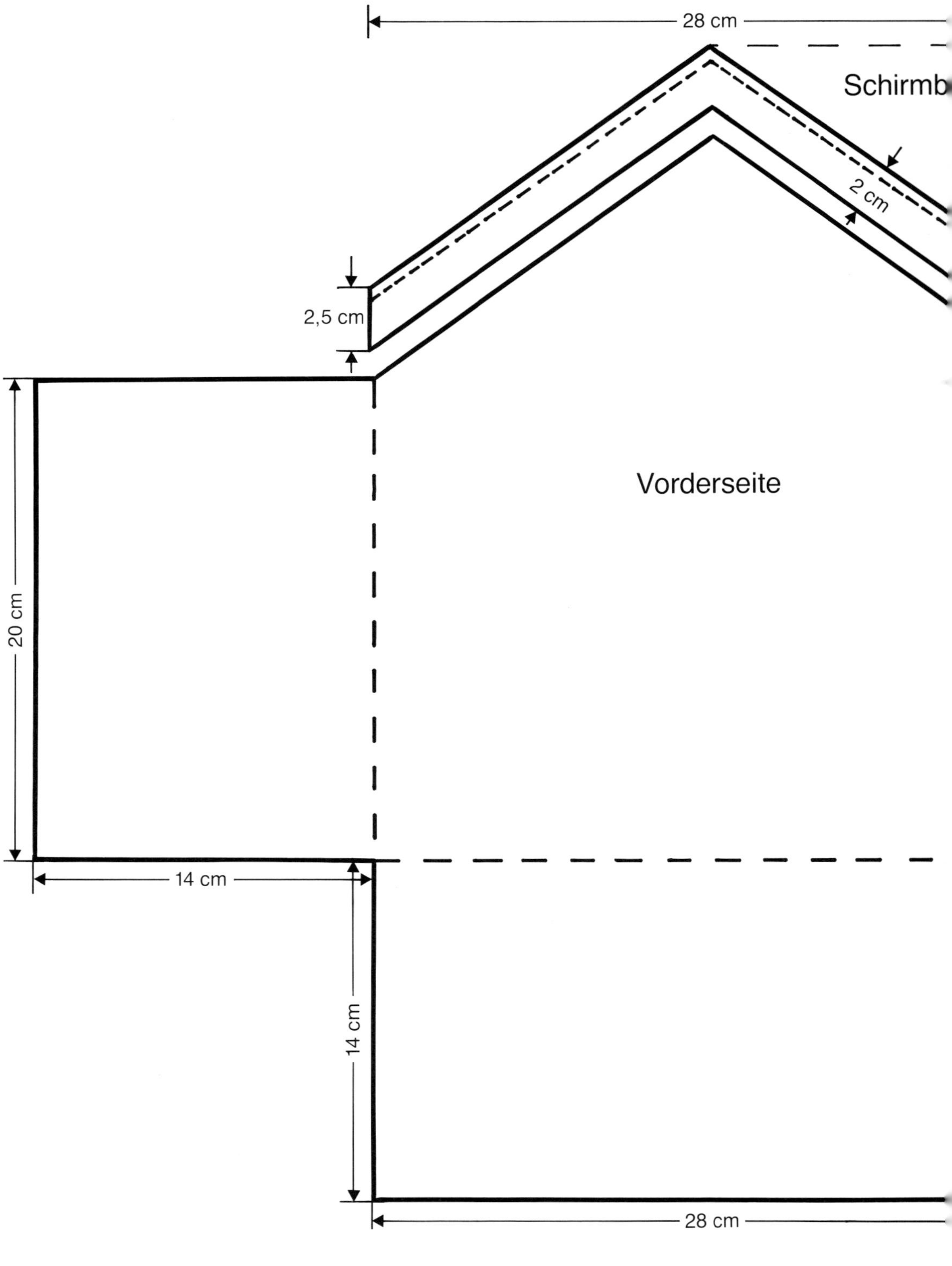
28 cm
Schirmb
2 cm
2,5 cm
Vorderseite
20 cm
14 cm
14 cm
28 cm

Ladenstraße
Teil I

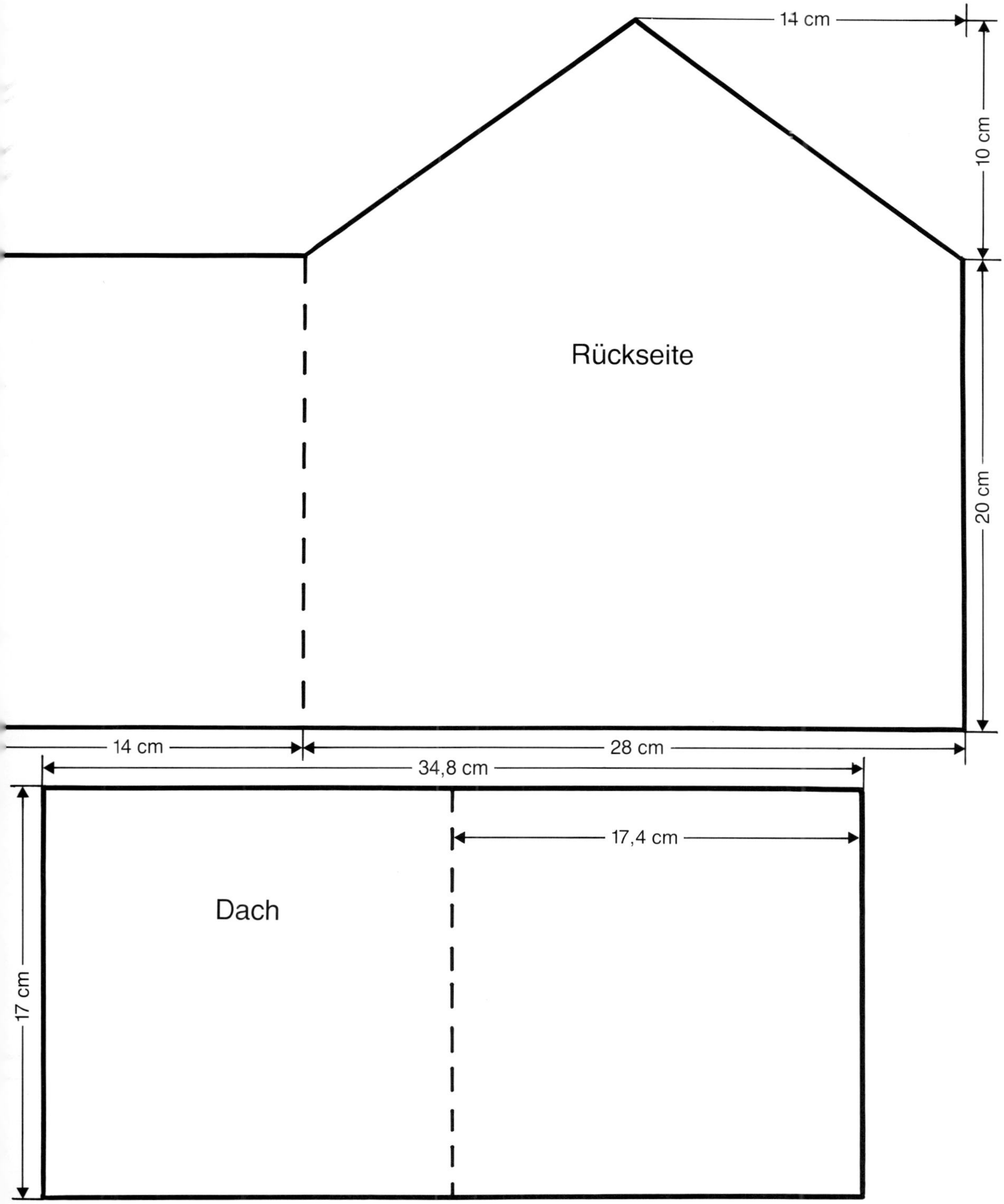

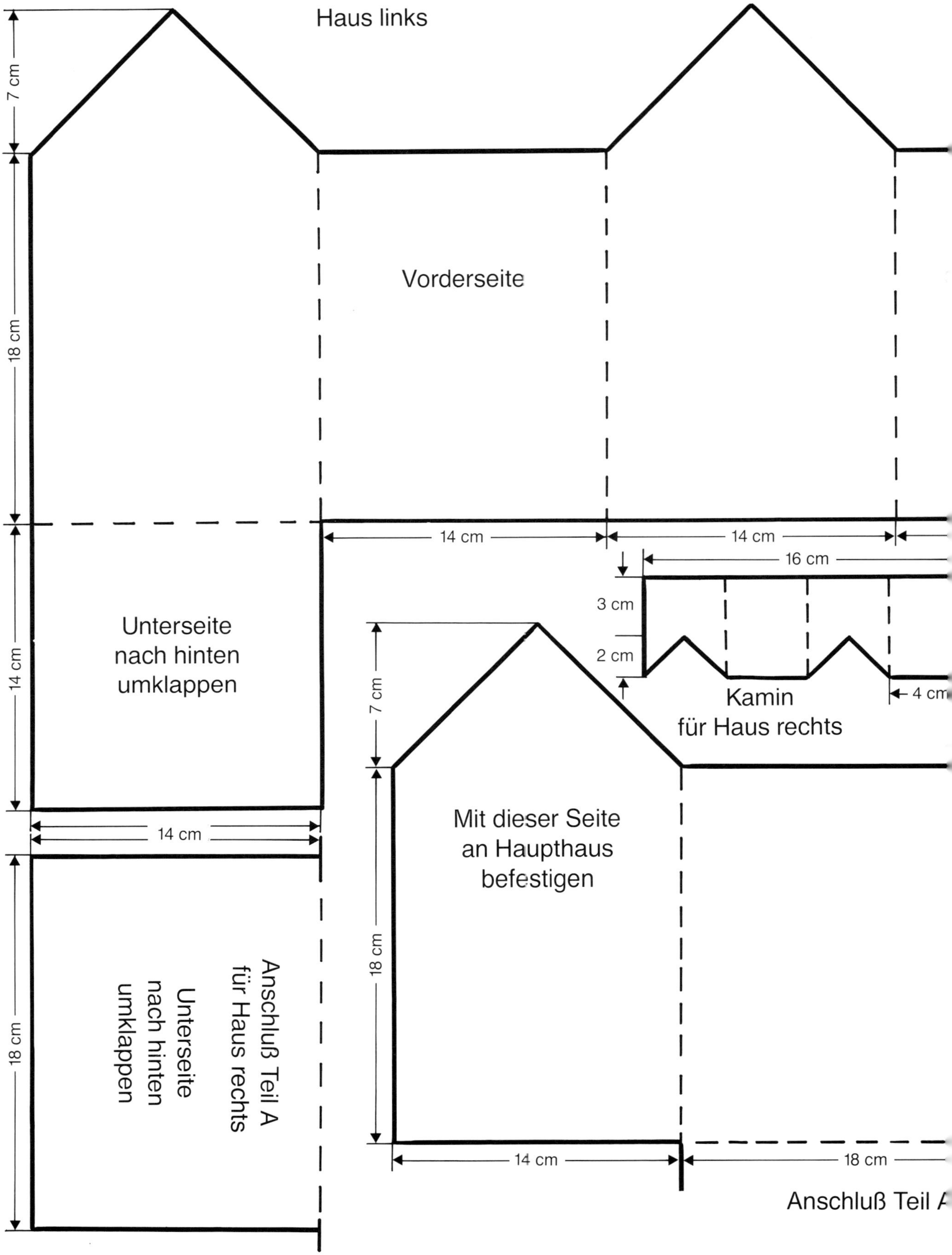
Haus links
7 cm
18 cm
Vorderseite
14 cm
14 cm
16 cm
14 cm
Unterseite
nach hinten
umklappen
3 cm
2 cm
Kamin
für Haus rechts
4 cm
7 cm
14 cm
Mit dieser Seite
an Haupthaus
befestigen
18 cm
18 cm
Anschluß Teil A
für Haus rechts
Unterseite
nach hinten
umklappen
14 cm
18 cm
Anschluß Teil A

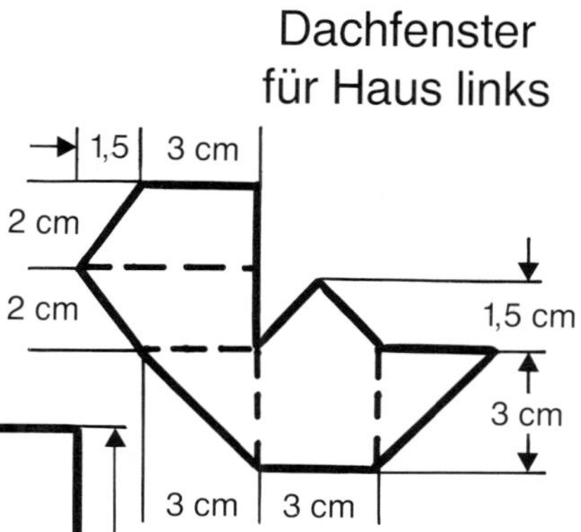

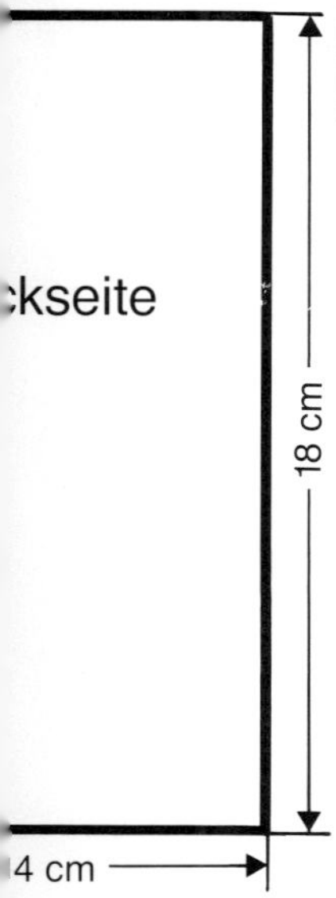

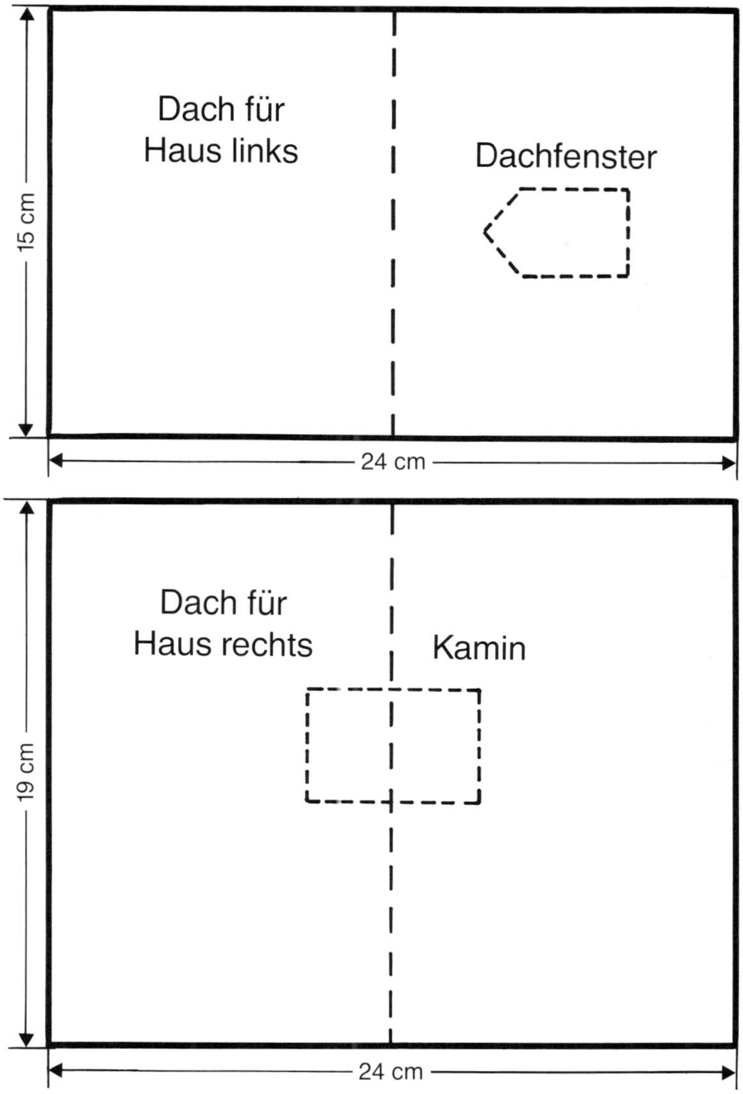

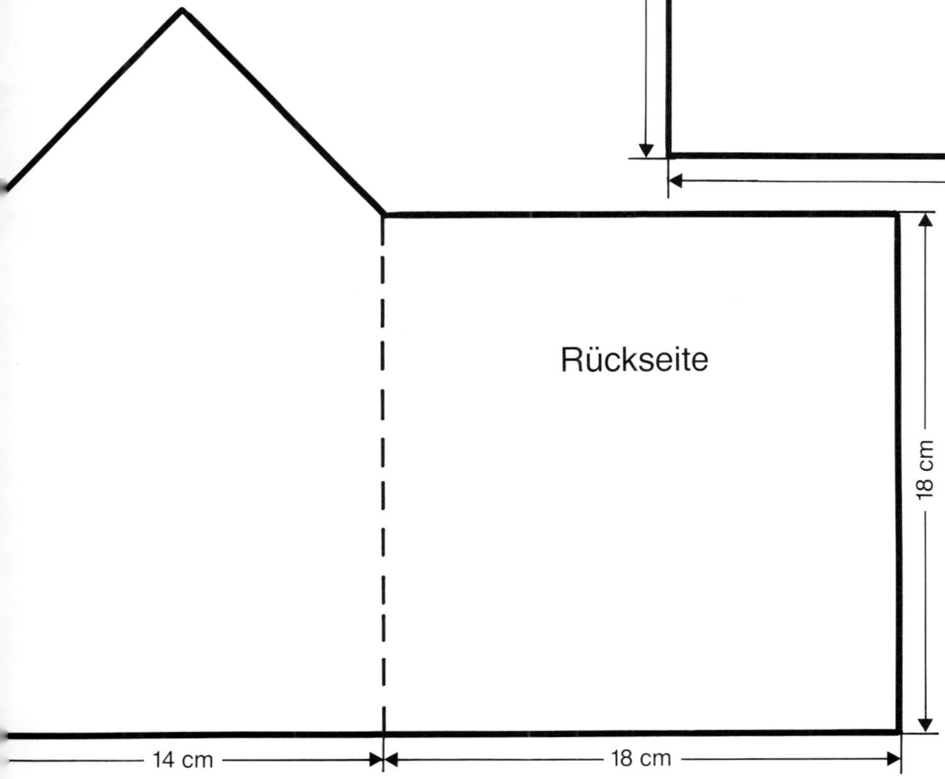

Laden-straße Teil II

Fachwerkhaus

Benötigtes Material:

Kartonunterbau
2 Packungen Lakritze
2 Packungen
Weichkaramellen
Zuckerguß aus 5 Eiweiß
und 750 g Puderzucker
rotes Tonpapier
für die Fensterscheiben

Materialkosten: ca. 25,– DM
Arbeitszeit: ca. 6 Stunden

Der Bauanleitung folgend wird der Unterbau erstellt und mit Oblaten beklebt. Das Fachwerk kann entweder so wie auf den Fotos oder nach eigener Vorstellung angelegt werden. In jedem Fall ist es ratsam, sich vorher eine Skizze zu machen. Ausgerollte Lakritze läßt sich leicht auf die markierten Linien aufdrücken. Sie haftet ohne Zugabe von Klebemittel.

In die verbleibenden Flächen zwischen den Balken wird soviel Zuckerguß aufgefüllt, daß er mit den Balken bündig abschließt.

Das Mauerwerk besteht aus Weichkaramellen. Die Bonbons werden in Schei-

ben geschnitten. Plattgedrückt und kantig in gleicher Größe zugeschnitten, werden sie reihenversetzt ohne Klebemittel nur angedrückt. Anschließend werden die Zwischenräume mit der Spritztüte und der kleinen Schnurtülle ausgefugt.

Auch die Dachplatten bestehen aus Weichkaramellen. Einzelne flachgedrückte Karamellen erhalten die runde Form eines Dachziegels mit einem runden Plätzchenausstecher, der zum Oval zusammengedrückt wurde.

Die Dachplatten haften auch ohne Kleber, wenn sie leicht angedrückt werden. Der Torbogen zwischen den beiden Häusern wird aus Pappe zugeschnitten, mit Oblaten beklebt und mit Mauerwerk, wie beschrieben, überzogen.

Das Wohnhaus läßt sich mit einer kleinen Birne (Taschenlampe) beleuchten. Dazu müssen Sie auf der Rückseite eine entsprechende Öffnung vorsehen.

Fachwerkhaus Teil I

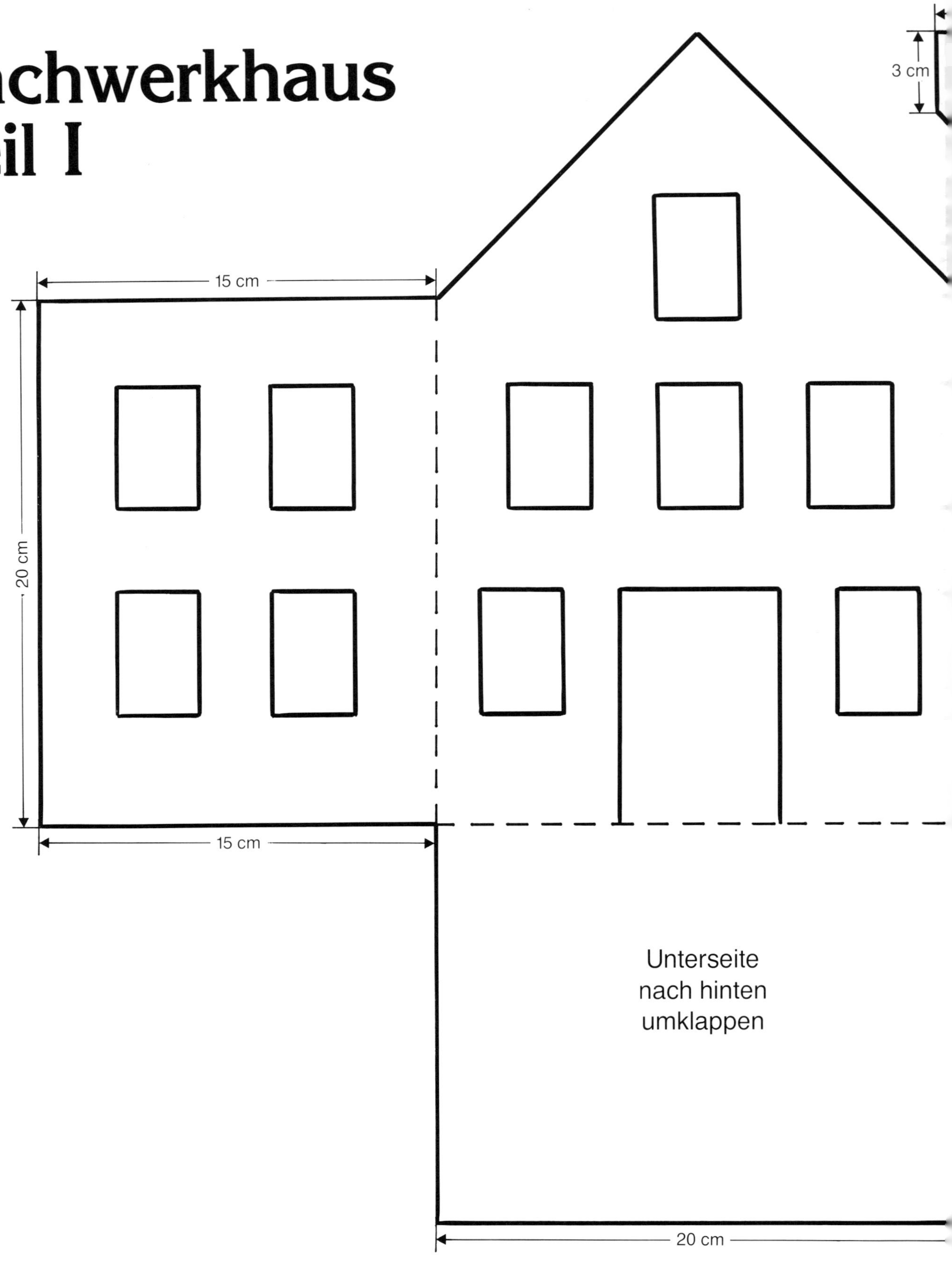

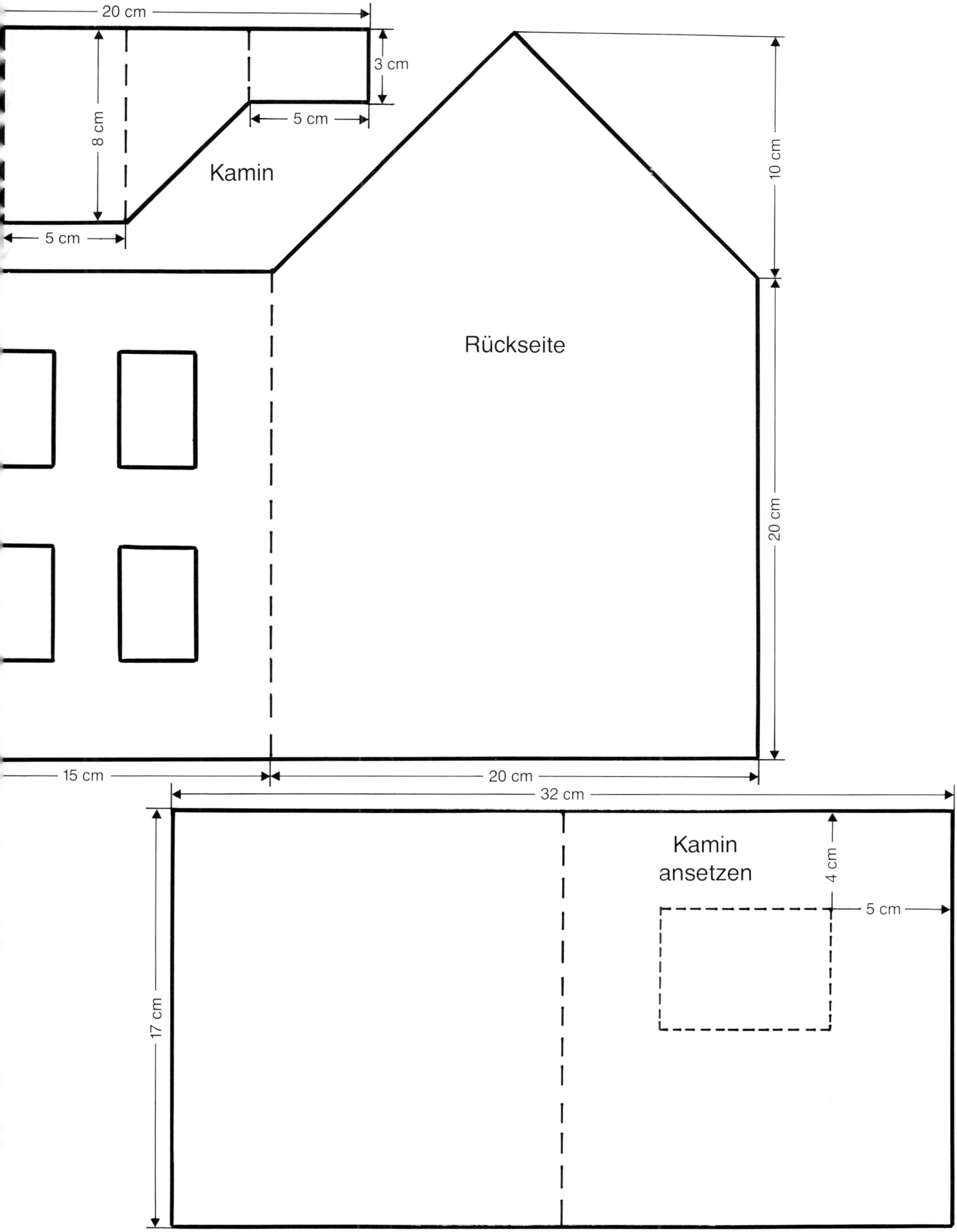

20 cm
3 cm
5 cm
8 cm
Kamin
5 cm
10 cm
Rückseite
20 cm
15 cm
20 cm
32 cm
Kamin
ansetzen
4 cm
5 cm
17 cm

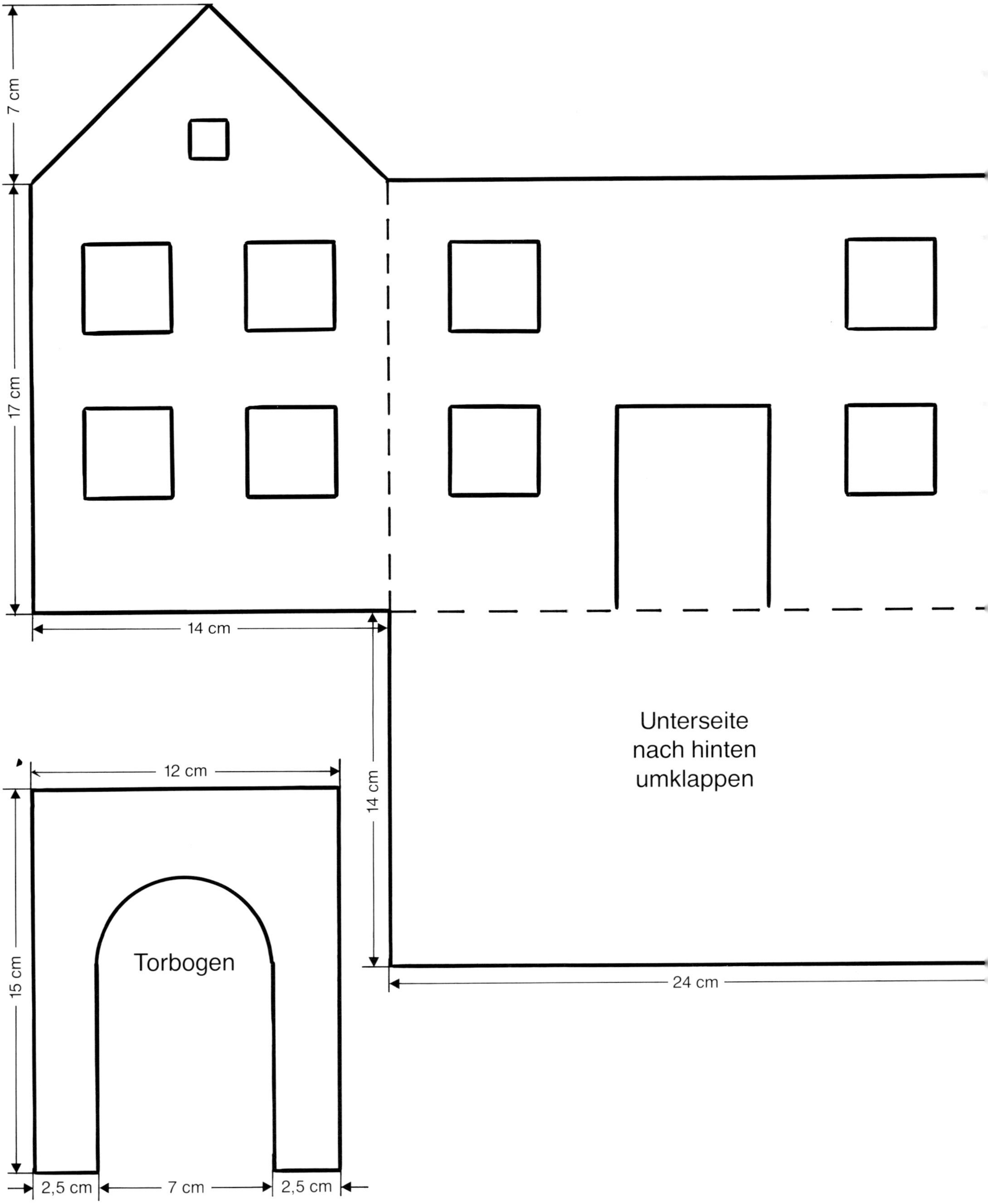
7 cm
17 cm
14 cm
Unterseite
nach hinten
umklappen
14 cm
24 cm
12 cm
15 cm
Torbogen
2,5 cm
7 cm
2,5 cm

Fachwerkhaus
Teil II: Anbau

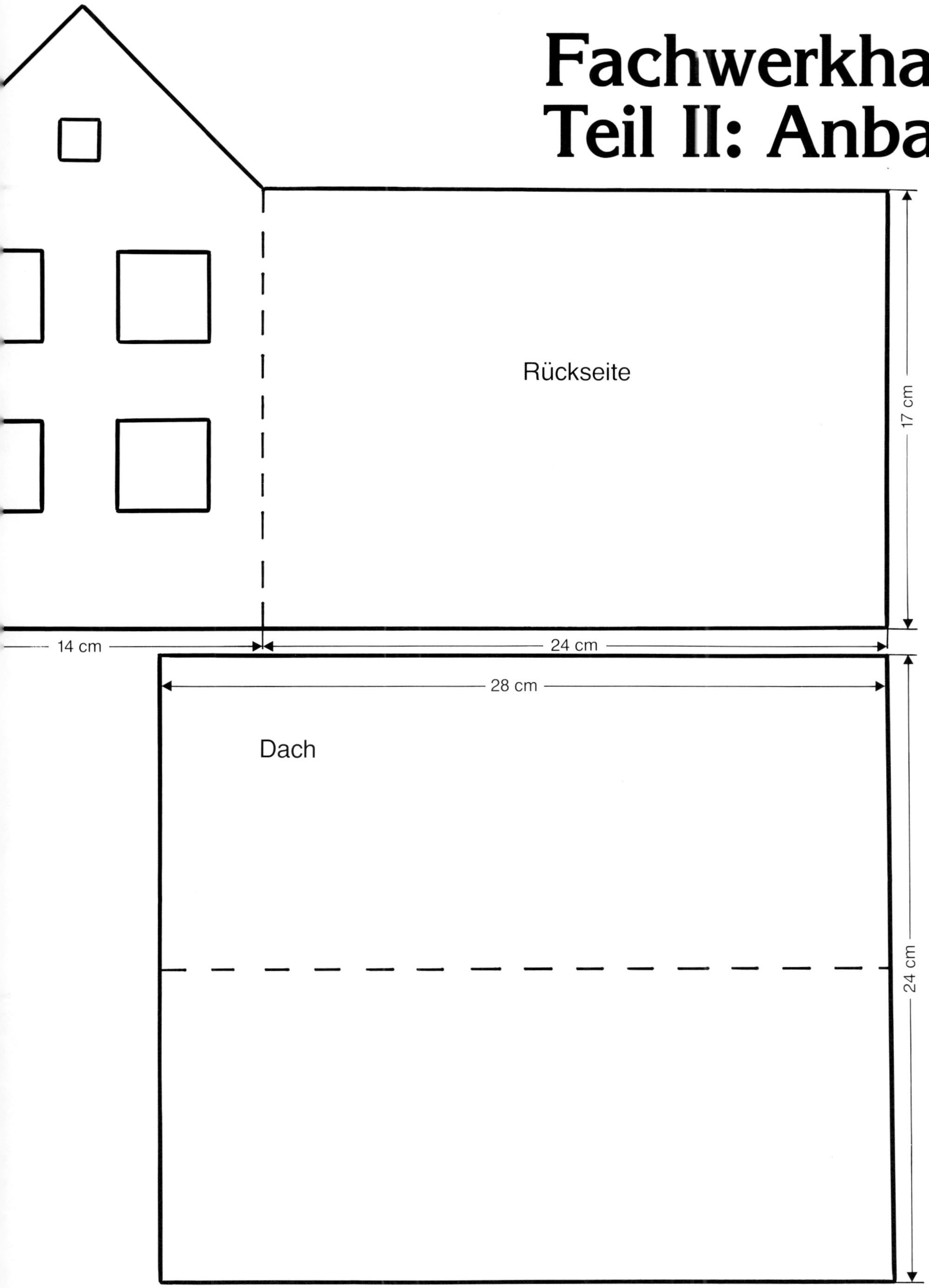

Benötigtes Material:

Kartonunterbau
6 leere Papierhülsen für die Türme
4 Packungen bunte Schokolinsen
1 Packung weiche Karamellen, je 1 Tube gelbe, grüne und blaue Speisefarbe
3 Eßlöffel Rosenpaprika
Zuckerguß von 4 Eiweiß und 600 g Puderzucker
Mürbteigrezept von Seite 6, um ein Drittel verlängert (1000 g Mehl, 375 g Butter, 375 g Zucker, 3 Eier)
1 Tube weiße Fondant-Glasur
1 braune Zuckerschrift
1 Tube Fondant-Glasur Schokolade

Materialkosten: ca. 30,– DM
Arbeitszeit: ca. 6 Stunden

Es bleibt Ihnen überlassen, ob Sie das Schloß nach dem vorgegebenen Plan bauen oder nach eigenem Entwurf gestalten wollen.

Für die Häuserwände und das Dach des linken Hauses wird ungefärbter Teig verarbeitet. Die Hälfte des übrigen Teiges färben Sie unter Zugabe von 3 gehäuften Eßlöffeln Rosenpaprika ziegelrot ein. Er wird 3 mm dick ausgerollt und in Streifen geschnitten. Daraus formen Sie die Dachziegel des mittleren und des rechten Hauses. Die Ziegel sind an einem Ende abgerundet.

Der restliche Teig wird dreigeteilt und eine Partie gelb, eine grün und eine blau eingefärbt. Damit sich die Farbe gleichmäßig verteilt, müssen Sie den Teig gründlich durchkneten. Er wird dann etwa 3 mm dick ausgerollt und umschließt dann je zwei Papphülsen. Überstehende Teigteile werden abgeschnitten.

Da gebackener Teig sich kaum um die Papphülsen herumlegen läßt, wird wiederum angeraten, rohen Teig zu verarbeiten. Er trocknet ohnehin in kürzester Zeit völlig aus.

Die Turmdächer werden zu Kegeln zusammengeklebt und mit Zuckerguß auf den Türmen befestigt. Sie werden dann mit Zuckerguß überzogen und mit Schokolinsen in einer einheitlichen Farbe gedeckt.

Fensterrahmen und Hausecken werden mit kleinen Stückchen weicher Karamellbonbons in der Art eines sichtbaren Mauerwerks verziert. Der braune Anstrich des großen Eingangstores (linkes Haus) besteht aus brauner Fondant-Glasur. Schwere Holzbalken werden durch die schräg verlaufenden weißen Linien angedeutet. Diese, wie auch die anderen weißen Verzierungen, werden mit dem Spritzbeutel und der kleinen Schnurtülle angelegt.

Zur Unterteilung der Fensterscheiben verwenden Sie braune Zuckerschrift.

Schloß mit 6 Türmen

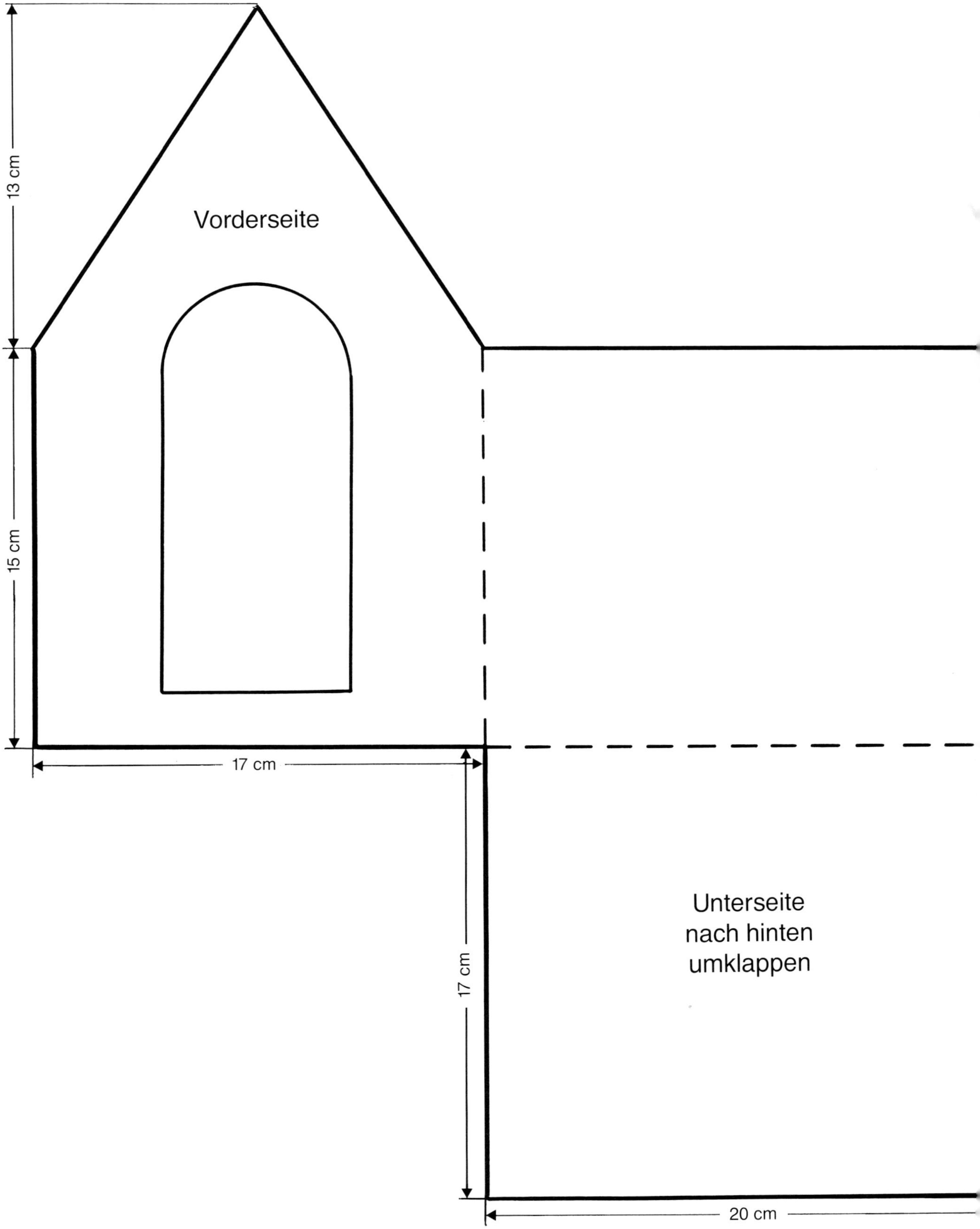
13 cm
Vorderseite
15 cm
17 cm
17 cm
Unterseite
nach hinten
umklappen
20 cm

Schloß mit 6 Türmen
Teil I: Haupthaus

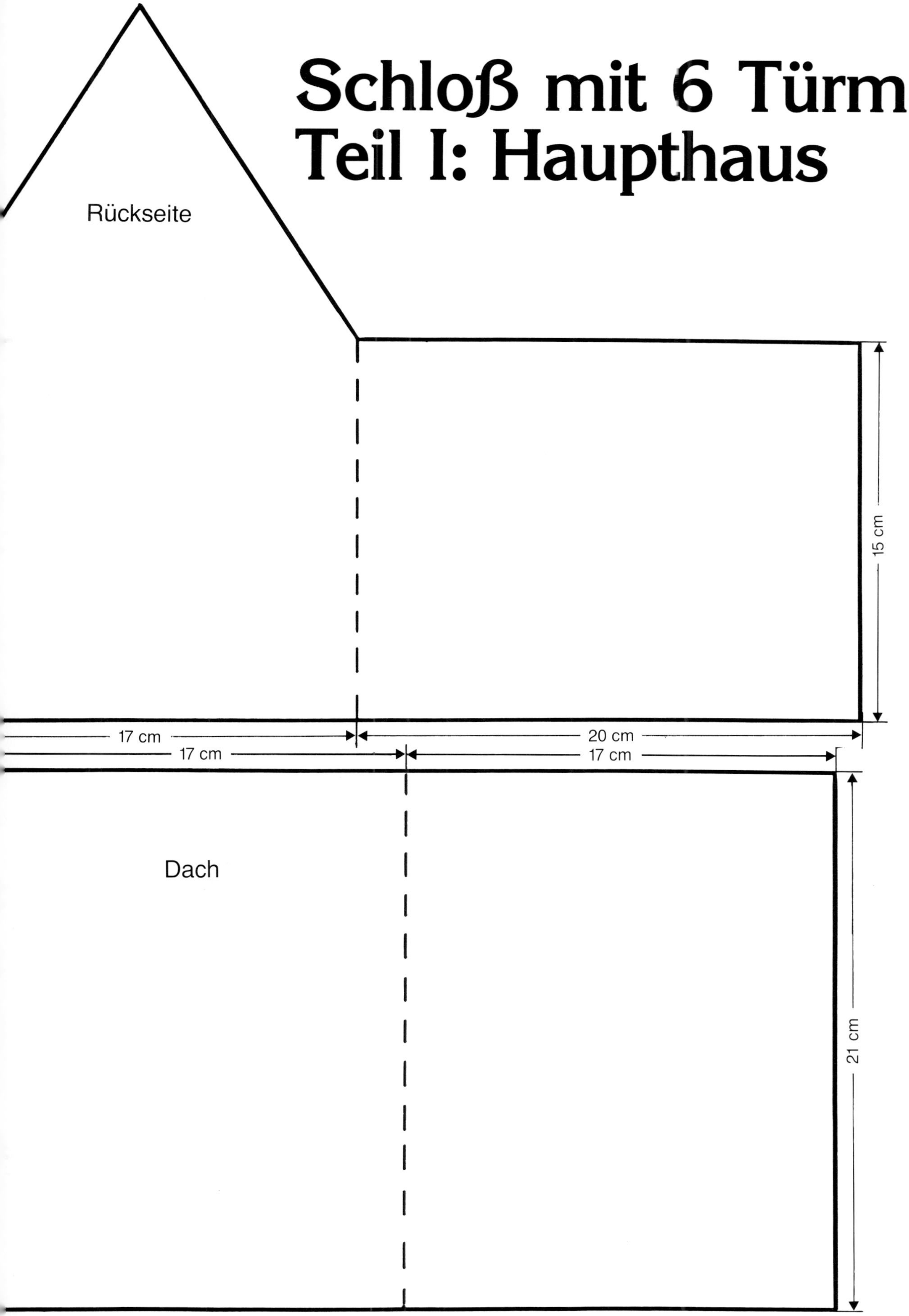

Haus links

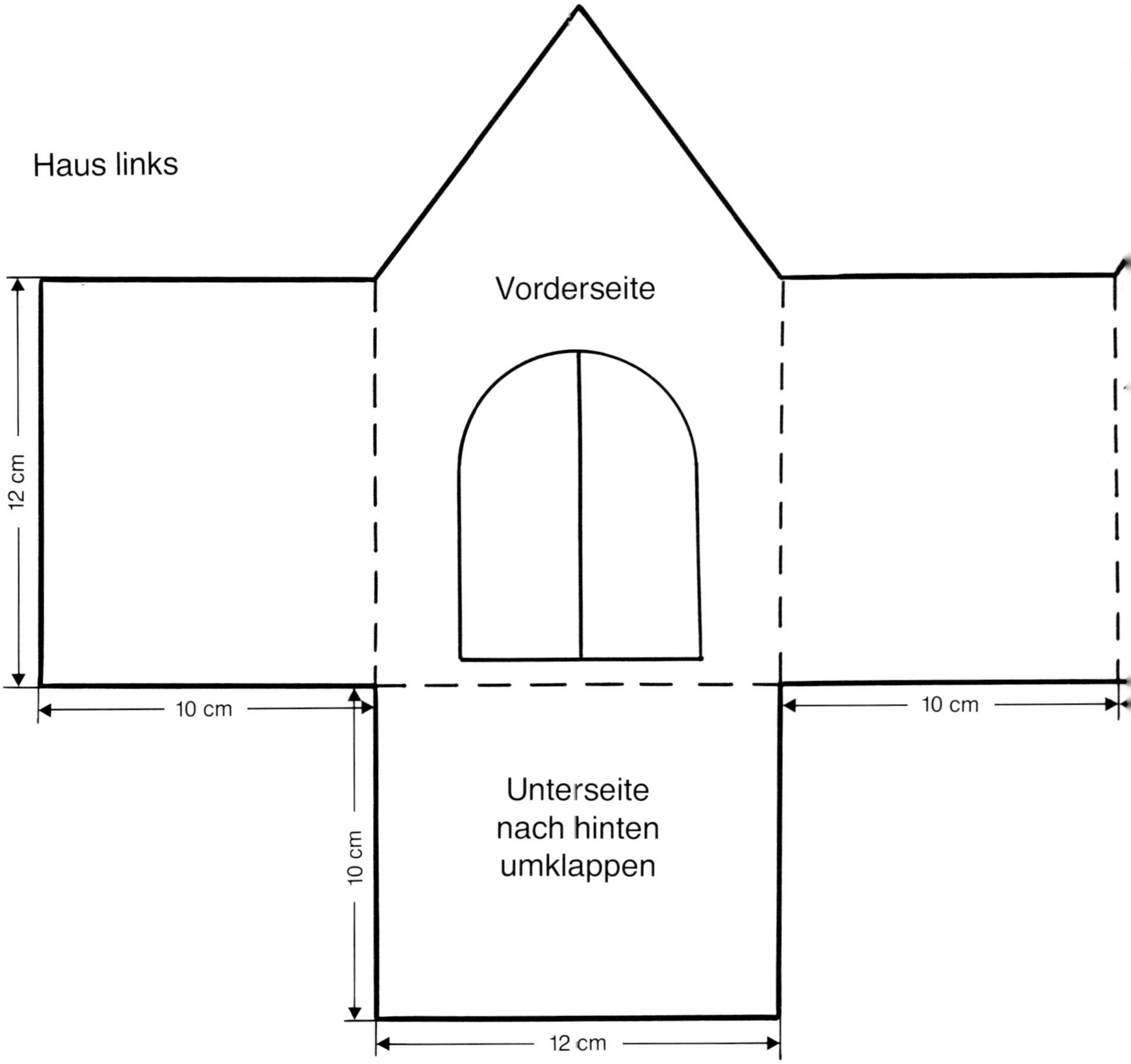

Turmdach
6 x ausschneiden

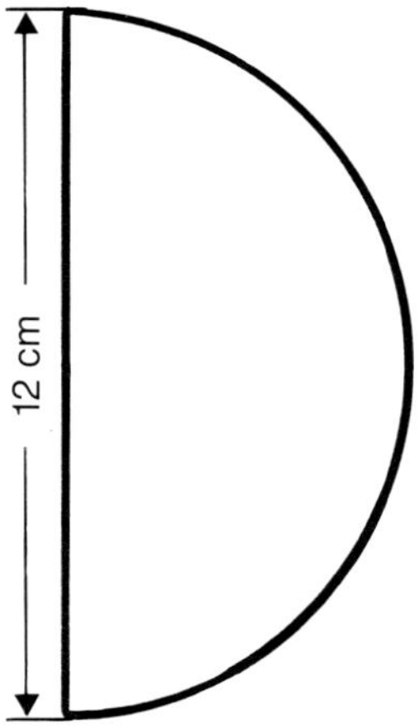

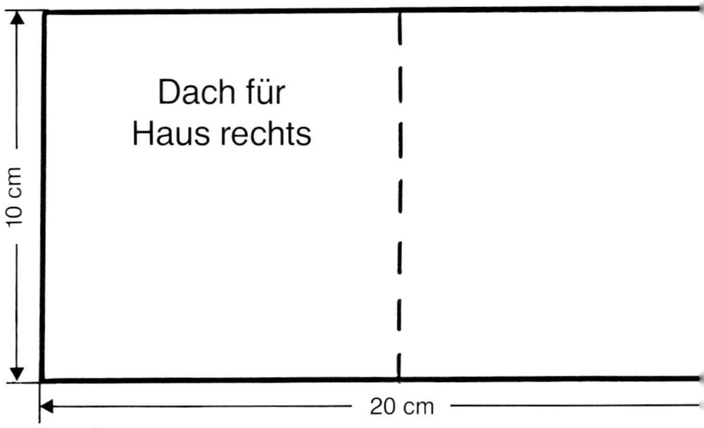

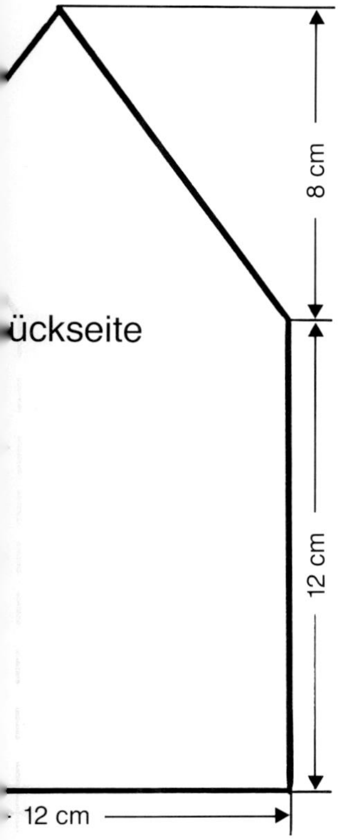

Schloß mit 6 Türmen Teil II

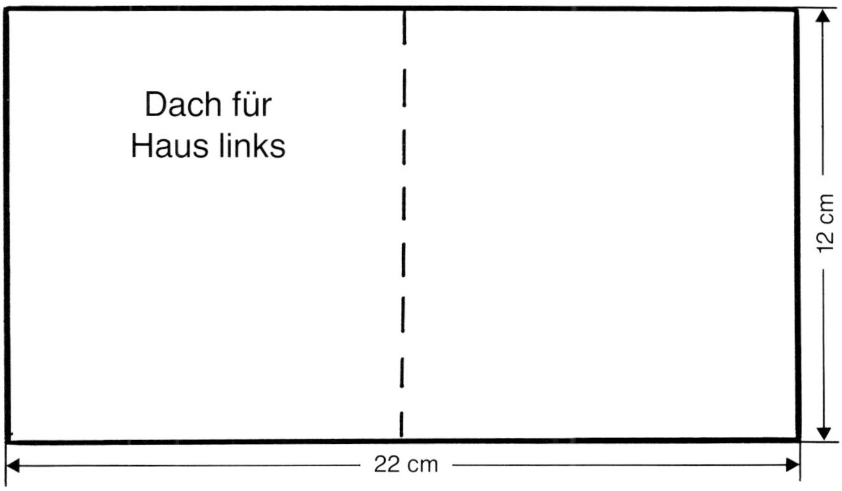

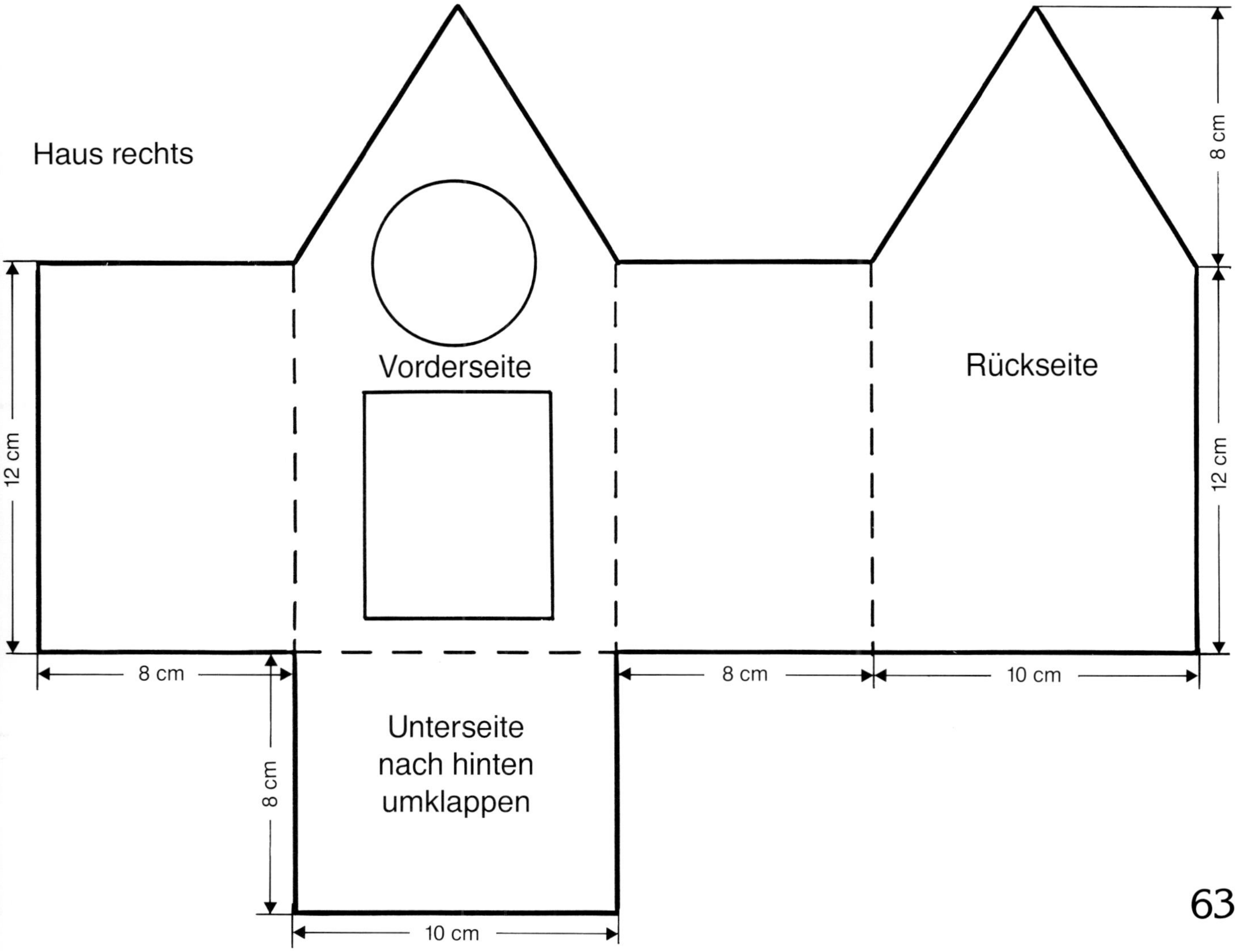

Kirche

Benötigtes Material:

Kartonunterbau
Bodenplatte
2 Packungen
große Oblaten
Zuckerguß aus 15 Eiweiß
und 2250 g Puderzucker
1 Packung
Zuckerblümchen
1 Packung Zuckerperlen
silber von Schwartau
1 Packung Würfelzucker
verschiedenfarbenes
Transparentpapier
für die Fenster,
evtl. Elektrobeleuchtung

Materialkosten: ca. 30,– DM
(ohne Beleuchtung)
Arbeitszeit: ca. 6 Stunden

Die Teile für den Unterbau werden ausgeschnitten und zusammengefügt. Mit etwas Zuckerguß wird der Rohbau auf die Bodenplatte aufgeklebt. Ist die Kirche zum Verzehr bestimmt, wird der Unterbau mit Oblaten beklebt.

Der Zuckerguß für diesen Bau muß sehr steif sein. Mit einem langen Plastiklineal werden die Wände rasch mit der Masse eingestrichen. Dann ziehen Sie einen Zahnspachtel leicht von oben nach unten über die Wände.
Der Rahmen um Fenster und Türen kann mit dem Spritzbeutel mit mittelstarker Tülle angelegt werden. In die noch feuchte Masse werden die Perlen und Zuckerblümchen eingedrückt. Der Mauervorsprung unter den Turmfenstern entsteht durch zweimaliges Auftragen mit der Spritztüte. Er wird durch bunte Schokoladenplätzchen besonders hervorgehoben. Die Unterseite der Dachfläche wird vor dem Auflegen am sichtbaren Vordach mit Zuckerguß eingestrichen, gleich aufgesetzt und festgedrückt. Dann wird auf die Oberseite Zuckerguß aufgetragen. Für die Längsverzierung des Daches wird der Spritzbeutel mit Schnurtülle gebraucht. Anschließend erhalten alle Dachränder und der First einen etwas dickeren Rand. Wenn auf der Rückseite eine Öffnung gelassen wurde, können die Kirchenfenster nun noch mit buntem Transparentpapier beklebt werden. Als Kleber dient wieder Zuckerguß. Mit kleinen Elektrobirnchen beleuchtet, strahlen die Fenster weihnachtlichen Zauber aus.

Zum Bau der Kirchhofsmauer wird etwas Zuckerguß mit einigen Tropfen Blaubeer- oder Holundersaft abgetönt, eben nur so viel, daß sich die gefärbte Masse etwas von den Zuckerwürfeln abhebt.
Der Tannenbaum kann aus Teig hergestellt werden, genauso schön läßt er sich aus Pappe anfertigen. Er wird ganz in Zukkerguß getaucht und mit bunten silbernen Zuckerperlen geschmückt.

Kirche

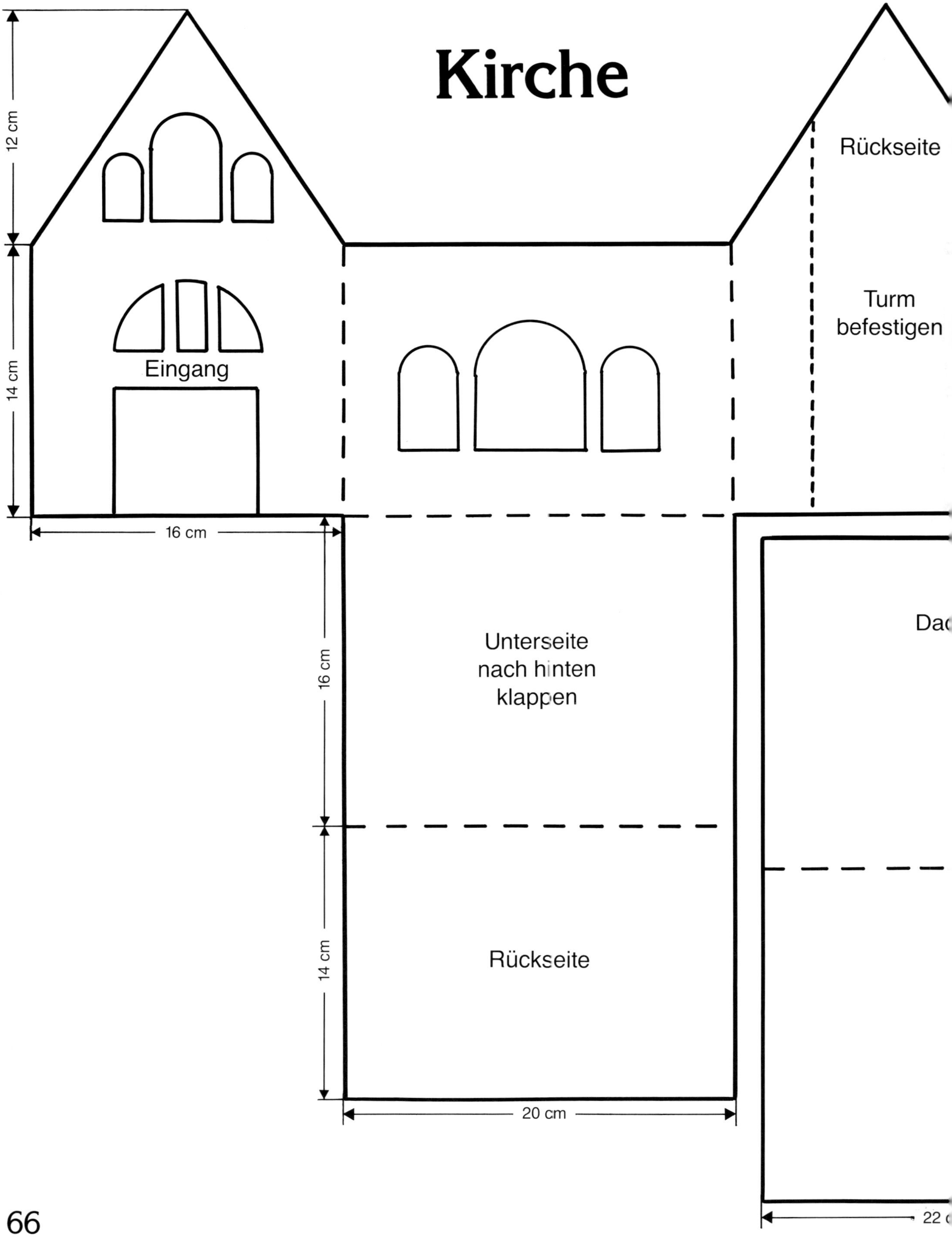
12 cm
14 cm
Eingang
16 cm
Rückseite
Turm
befestigen
Unterseite
nach hinten
klappen
16 cm
14 cm
Rückseite
20 cm

Turmdach

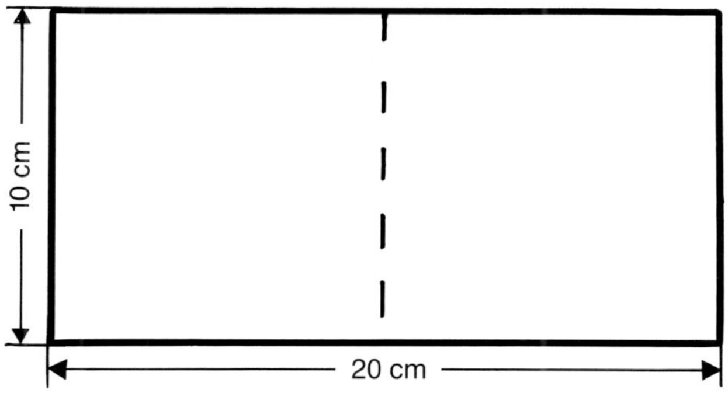

10 cm
20 cm

14 cm
34 cm

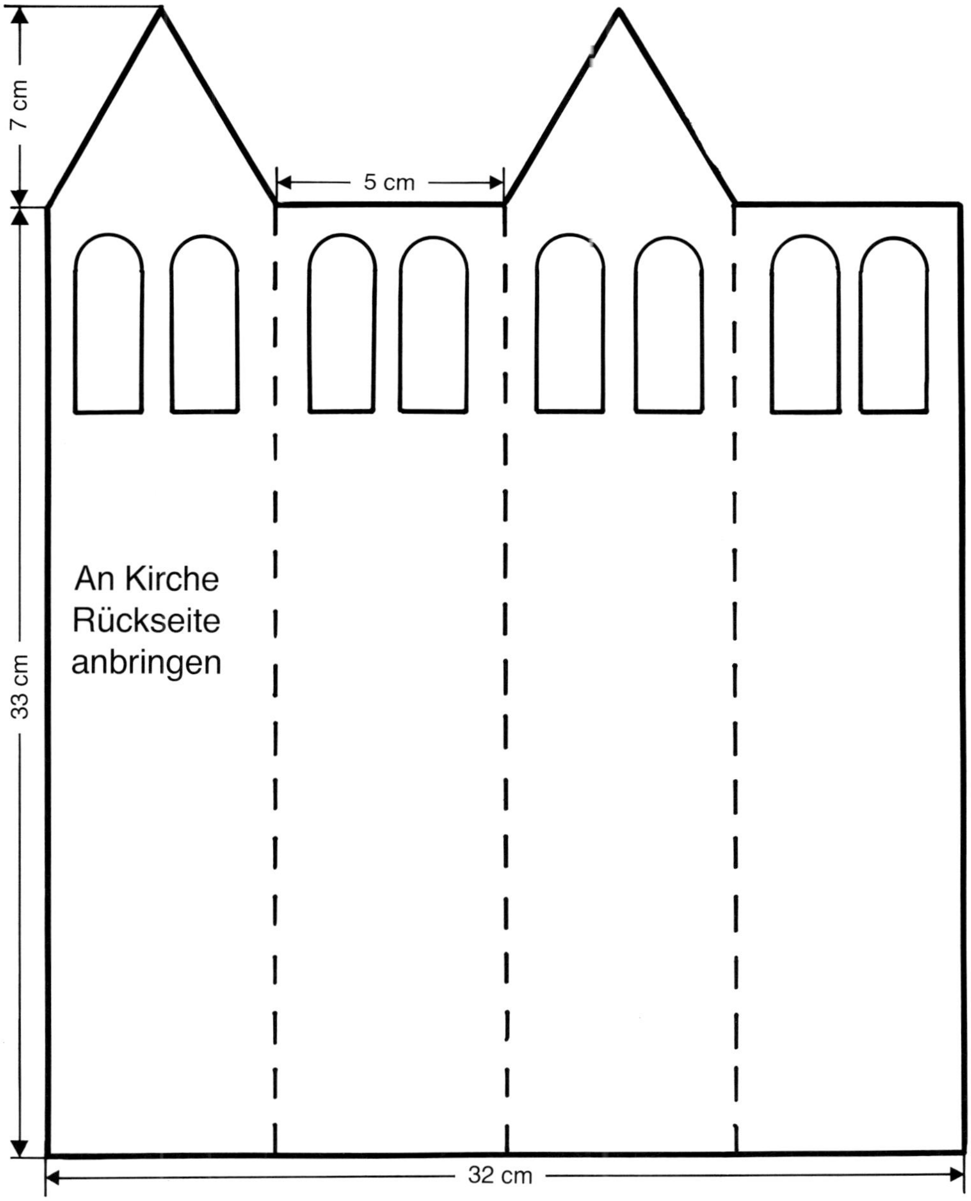

7 cm
5 cm
33 cm
An Kirche
Rückseite
anbringen
32 cm

Rotes Knusperhaus

Rotes Knusperhaus

Benötigtes Material:

Kartonunterbau
1 Packung große Oblaten
Lebkuchenteig nach dem Rezept S. 6, nur halbe Menge
1 Tube
weiße Fondant-Glasur
3 Tuben rote Speisefarbe
Zuckerguß von 5 Eiweiß und 750 g Puderzucker
braune Zuckerschrift
1 Packung englische Drops zum Schmelzen für Fenster- und Türscheiben
buntes Zuckerzeug zum Belegen des Daches (Resteverwertung)

Materialkosten: ca. 25,– DM
Arbeitszeit: ca. 4 Stunden

Das farbenprächtige Haus in der Hauptfarbe Rot ist einfacher nachzuarbeiten, als es auf den ersten Blick scheint.

Fertigen Sie den Kartonunterbau und bekleben ihn mit Oblaten. Die Hälfte der roten Speisefarbe wird mit 6 Eßlöffeln weißer Fondant-Glasur vermischt. Mit diesem dunklen Rot werden die Fenster- und Türrahmen ausgefüllt, die mit brauner Zuckerschrift schon vorgezeichnet sind.

Helles Rot, aus dem Rest der Speisefarbe und Zukkerguß hergestellt, füllt die übrigen Hausflächen aus. Farbiger Mais verziert das Fundament und die Hausecken. Weitere Rottöne gesellen sich so hinzu.

Der Lebkuchenteig wird etwa 3 mm dick ausgerollt und bei mittlerer Hitze gebacken. Der Teig wird gleich nach dem Entnehmen aus dem Backrohr genau auf die Dachfläche zugeschnitten, dann werden beide Teile mit etwas Zuckerguß auf die schon vorher mit Oblaten belegten Flächen aufgeklebt.

Ritzen Sie mit einem Lineal verschieden große Rechtecke in den Teig. Sie werden mit den verschiedensten Materialien belegt, je bunter, desto besser. Reste von Zuckerdekorationen, die sich im Lauf der Zeit angesammelt haben, finden hier die beste Verwendung. Für die Glasfenster werden je 6 Drops auf einer Alufolie im Backrohr bei 100° C geschmolzen. Wiederholtes Überprüfen ist notwendig. Wenn die Farben ineinanderfließen, ist der richtige Schmelzgrad erreicht. Nach dem Erkalten erhält man auf diese Weise die schönsten Glasfenster für weihnachtliche Knusperhäuser. Anschließend werden die Glasränder leicht mit Zuckerguß bestrichen und von der rückwärtigen Öffnung aus an die Fenster- und Türrahmen angedrückt. Die Scheiben dürfen mit keinem anderen Material in Berührung kommen. Solche Stellen kann man nicht mehr reinigen. Die Scheibe würde so unbrauchbar werden.

Durch Beleuchtung mit einer bunten Lichterkette im Inneren strahlt dieses Haus einen besonderen weihnachtlichen Zauber aus.

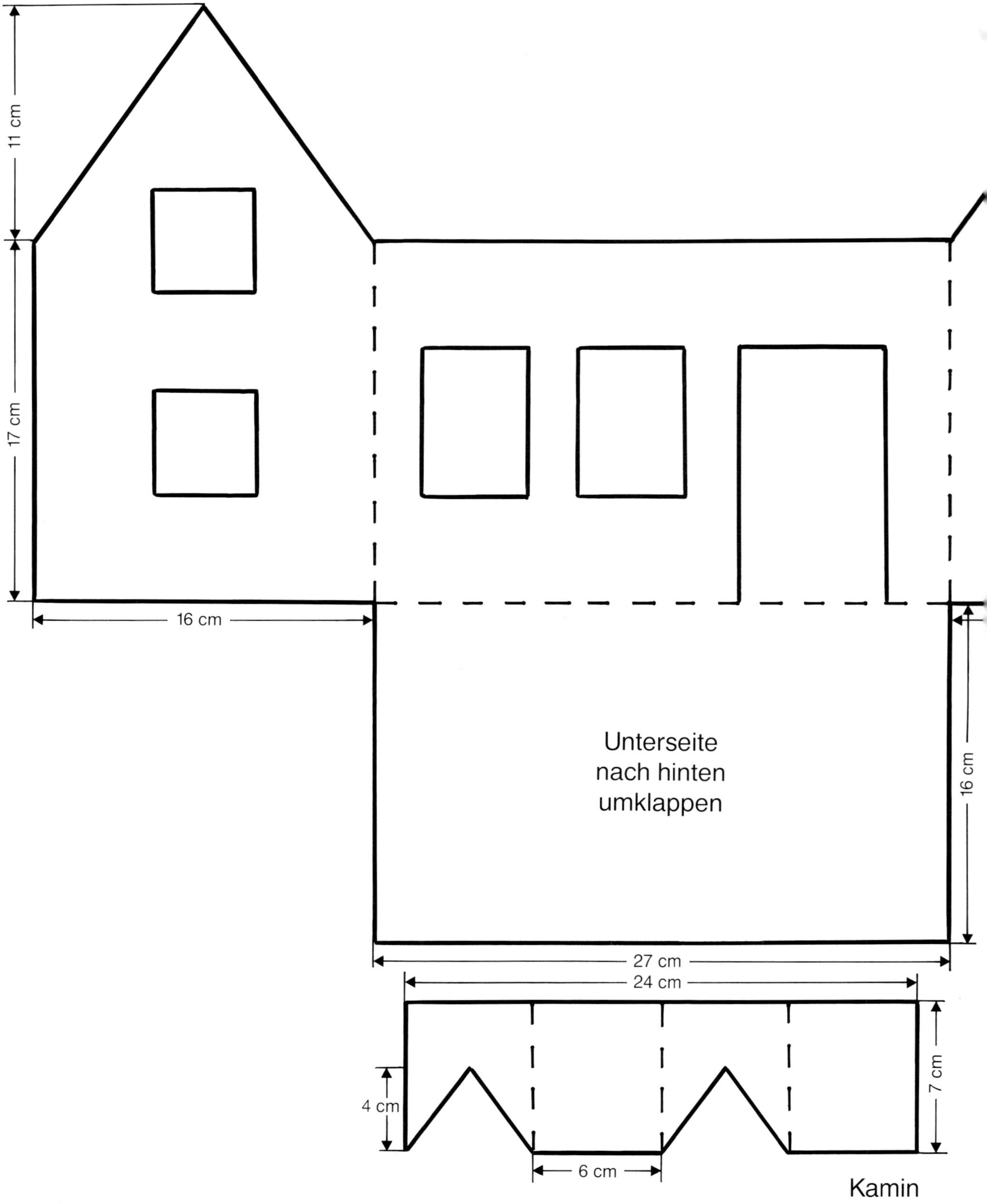
11 cm
17 cm
16 cm
Unterseite
nach hinten
umklappen
16 cm
27 cm
24 cm
4 cm
7 cm
6 cm
Kamin

Rotes Knusperhaus

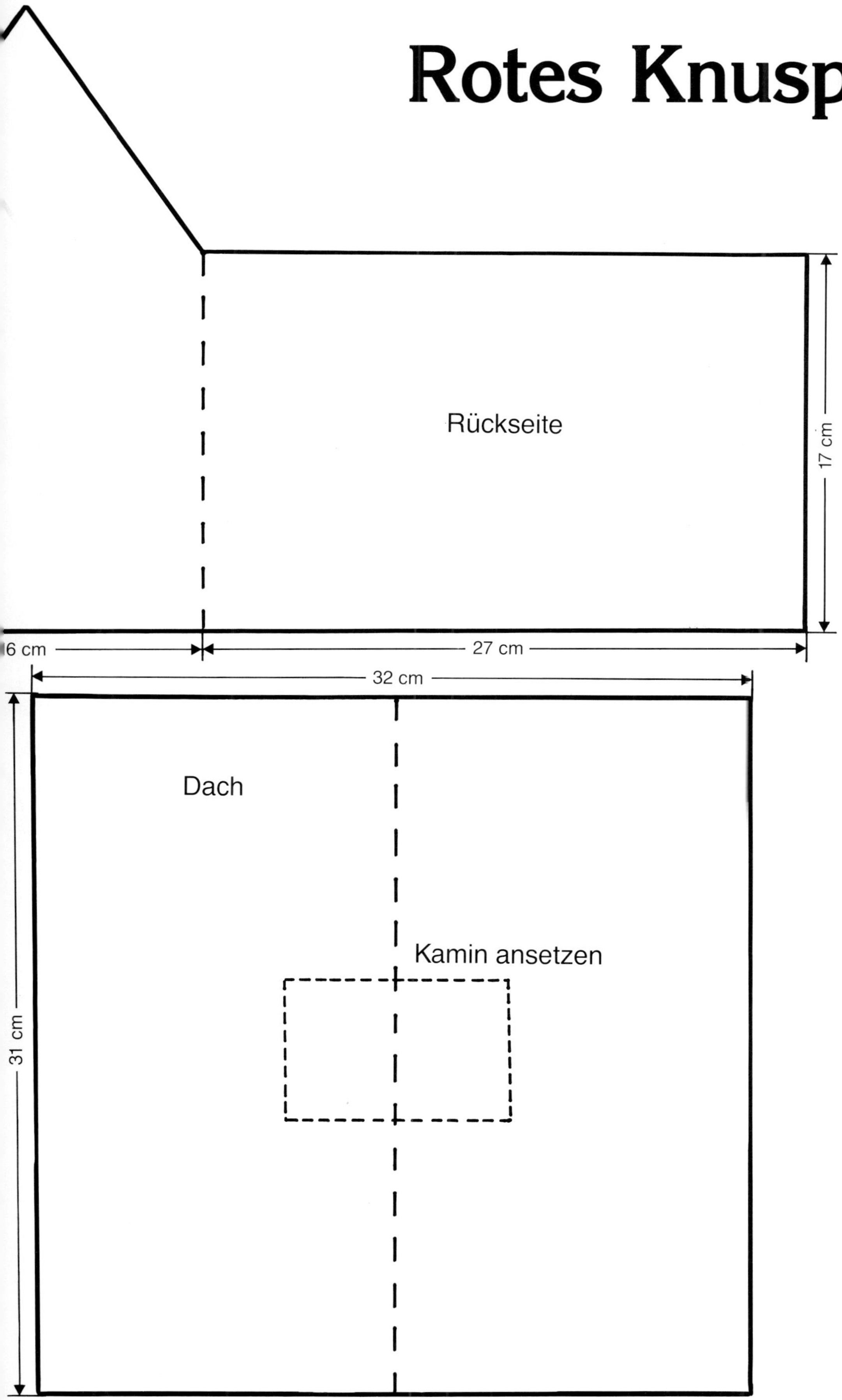

Dekorationshäuser aus Lebkuchenteig

Die hier abgebildeten Häuserfronten zieren einen Christbaum, finden aber auch anderswo als zaubervolle Dekoration im Weihnachtsgeschehen ihren Platz. Der eigenen Phantasie sind hierbei kaum Grenzen gesetzt.

Die Häuserfronten werden erst aus Karton ausgeschnitten, dann auf den etwa 5 mm dick ausgerollten Teig gelegt und zusammen nochmals ausgeschnitten. Die Motive werden mit der Kartonunterseite mehr getrocknet als gebacken. Die Kartonunterseite verhindert das Brechen der einzelnen Motive.

Durch mehrmaliges Bestreichen mit kaltem Wasser entsteht eine glatte Oberfläche. Sie ist wichtig für den Auftrag der Konturen.

Der restliche Teig wird unter Zugabe von etwas Wasser flüssiger gemacht, so daß er sich mit dem Spritzbeutel verarbeiten läßt.

Auf diese Weise können viele schöne Christbaumanhänger oder Dekorationen entstehen.

Das weitere weiße Dekor ist aus Zuckerguß mit dem Spritzbeutel aufgetragen. Mit brauner Zuckerschrift aus der Tube wird weiter verziert.

Ein ungewöhnliches Dekor weist diese Häuserfront auf. Weiße Fondant-Glasur aus der Tube, etwas eingefärbt mit blauer Speisefarbe, überzieht das Motiv. Zerkleinerte englische Drops fassen den Rand ein, der noch mit einem sehr schmalen Teigrest belegt ist. Fenster- und Türkonturen und die Kamineinfassung bestehen auch aus Teig.

Die Fenster des Kirchenmotives werden sofort nach dem Backen aus dem Teig ausgeschnitten. Die Kartonunterlage muß jedoch ganz bleiben und kann nun nach Belieben bemalt werden. Mit einheitlichem Gelb (Fondant-Glasur mit gelber Speisefarbe vermischt) werden die Kirchenwand und der Turm eingestrichen. Das Dach des Turmes und des Kirchenschiffes erhält einen Auftrag mit Schokoglasur. In die noch flüssige Glasur können zusätzlich Dekozuckerperlen aufgesetzt werden, ebenso über den Fenstern.

Auch kleine Häuser aus Lebkuchenteig finden Anklang. Die nachfolgenden Motive sind mit Aufhängern versehen und können ebenso den vorweihnachtlichen Tannenzweig wie den Christbaum in origineller Weise schmücken.

Jeder Teig kann eigentlich dazu verwendet werden, da alle Häuserfronten flächig dekoriert sind.

Blau gefärbt ist die ganze Bemalung dieser Haushälfte. Bunte Zuckerperlchen, Silberperlen, Zuckerblumen und Zuckerguß ergeben diese phantasievolle Verzierung.

Hier finden Restkekse bei der Ausschmückung des Hauses ihren Platz. Der runde Keks im blauen Giebel scheint dafür wie gemacht zu sein. Rechteckige Kekse deuten Fenster und Türe an. Verzierungen: einzelne Schokotaler, Linien aus Zuckerschrift und Zuckerguß.

Ein runder und ein rechteckiger Keks stellen Fenster und Türe dar. Silberperlen und Zuckerguß aus dem Spritzbeutel wirken auf dem dunklen Lebkuchenteig besonders gut.

Mehr Zeitaufwand erfordert das doppelte Motiv. Gehen Sie vor wie beim vorangegangenen Haus: Auftragen von Konturen, Ausfüllen mit der gefärbten Fondant-Glasur, zusätzlich Auftrag von Zukkerguß mit dem Spritzbeutel mit kleinster Tülle. Einige Silber-Zuckerperlen vollenden das Bild.

Die dargestellte Haushälfte wird zunächst mit Teiglinien versehen. Nach dem Backen wird die Hauswand mit grün gefärbter Glasur ausgefüllt. Fenster- und Türläden und das Dach erhalten den rotgefärbten Anstrich. Die Tür selbst und die Fensterscheiben sind mit weißer Glasur belegt. Bunte Zuckerperlen liegen neben beiden Türflügeln auf.

Das Haus mit dem rotgrünen Motiv besteht aus der Grundform – Karton und Lebkuchenteig – sowie rot und grün eingefärbter Glasur. Mit dem Spritzbeutel werden Teiglinien gezogen, die die farbigen Flächen begrenzen.

Das weißblaue Motiv ist leicht nachzuarbeiten. Wie vorgegeben werden die Konturen angelegt und mit weißer Fondant-Glasur ausgefüllt. Die verbleibenden Flächen erhalten einen Auftrag mit leicht blau eingefärbter Glasur.